이케다 하야토

정치의 계절에서 경제의 계절로

차례
Contents

들어가며

　1990년대 일본경제의 최대 화두는 장기불황이었다. 불황의
터널은 끝이 보이지 않았고 '잃어버린 10년'이라는 말이 회자
되었다.

　1950년대 후반에서 1970년대 초반까지 고도성장을 이루던
일본경제는 이대로 무너지는 것인가? 제조업의 독특한 일본식
경영방식은 이제 더는 통용되지 않는 것인가? 이런 분위기 속
에서 일본경제의 희망을 찾는 움직임이 곳곳에서 감지되었다.

　때로는 제조업의 선두기업 도요타자동차가, 때로는 중소기
업의 이단자와도 같은 존재 미라이공업(未来工業)이 부각되기
도 했다. 정치적으로는 과거 일본경제의 고도성장을 이끈 이
케다 하야토(池田勇人)에 대한 향수가 눈에 띤다.

한 때 고이즈미(小泉) 개혁에서 그 해답을 구하기도 했으나 미래에 대한 불안은 여전했다. 고이즈미 이후 아베의 지도력에 대한 실망은 오히려 커져 2007년 7월 29일, 참의원 선거에서 자민당 참패라는 결과까지 나왔다. 정치에 대한 실망, 지도력에 대한 갈망은 장기불황 이후 경기회복 과정에서도 여전히 일본인들의 마음속에 남아 있었던 것이다.

왜 지금 와서야 반세기 전의 이케다 하야토를 찾게 된 것일까? 시대도 바뀌었고 환경도 바뀌었는데 과거의 이케다 수상에게 향수를 느끼는 이유는 무엇인가? 이 글은 이러한 문제의식에서 출발했다.

1960년대 일본에서 경제성장은 하나의 신앙이었다. 많은 일본인을 경제성장의 길로 이끈 중요한 슬로건 가운데 하나가 바로 '소득배증'이다. 1960년부터 1970년까지 10년 동안 국민소득을 2배로 늘리는 것을 골자로 한 소득배증계획은 일본경제 고도성장정책의 중심이었다.

이케다의 계획은 목표를 훨씬 앞당겨 6년 반 만에 일본의 국민소득이 2배로 상승하는 성과를 거두었다. 계획기간 중 일본경제의 연평균 성장률은 자본주의 역사상 유례를 찾기 힘든 10% 이상의 고도성장을 이룩했다. 이때 경제대국 일본의 길을 여는 토대를 마련한 것이다.

또한 이케다 하야토는 수상 재임기간(1960.7.~1964.10.) 중에 경제협력개발기구(OECD) 가입, 국제통화기금(IMF) 8조국 이행 및 IMF 총회의 개최, 동경올림픽 개최 등 일본이 패전 후 폐허를 딛고 국제사회의 일원으로 복귀하는 데 중요한 역할을 했다.

물론 이러한 성과는 이케다 내각 이전부터 추진한 결과이기도 하며, 이케다의 업적에 대해 비판적인 시각이 존재하는 것도 사실이다. 예컨대 경제적으로는 2차 대전 이전의 연속선상에 불과하다든가, 이중구조의 존재를 극복하지 못했다는 등 비판이 나온다. 정치적으로는 파벌 정치, 정관재의 유착관계 고착화, 성과 없는 외교 등의 약점을 지적하기도 한다.

그럼에도 2차 대전 후 역대 수상 가운데 이케다 만큼 국민에게 인기를 얻은 인물도 드물다. 무엇보다 이케다가 높이 평가받는 이유 중 하나는 특유의 지도력을 발휘해 일본인의 잠재 역량을 이끌어냈기 때문이다.

이케다가 구상한 소득배증계획의 진정한 의미도 여기에 있었다. 이케다는 일본인의 창조력과 능력이라면 10년간 소득 2배가 아니라 3배도 가능하다는 신념에 가득 차 있었다. 비전을 주는 정치, 일본 국민 전체를 생각하는 정치가 국민에게 신뢰감을 줌으로써 일본 전체가 하나가 되어 목표를 향해 나아갈 수 있었다.

이러한 이케다의 지도력은 여타 수상에게서는 발견하기 어려운 이케다의 독특한 개성에서 비롯된 측면도 적지 않았다. 우수한 인재들이 이케다의 인간다운 모습에 매료되어 그의 곁에 모여들었고 끝까지 이케다를 지켜주었다.

이 글이 주목하는 것은 바로 인간 이케다의 모습이다. 타고난 부유함에도 병으로 점철된 이케다의 삶은 결코 순탄치만은 않았다. 이러한 인생 역정이 훗날 이케다의 사상에 영향을 주었고, 국민의 신뢰를 얻는 지도자로 거듭나는 데 중요한 요소가 되었다.

이 글에서는 이케다 하야토의 경제정책인 '소득배증계획'을 중심으로 정치가로서 이케다, 인간 이케다의 모습을 담는 데 주안점을 두었다. 또한 당시 일본의 정치, 경제 상황을 부연 설명함으로써 이케다가 남긴 성과를 평가하고자 했다. 특히 이케다와 관련된 일화는 이케다의 지도력을 이해하는 데 중요한 요소로 파악하고 많은 부분에서 그의 언행과 그 의미를 담고자 했다. 이를 위해 이케다의 주위에서 그를 지켜본 기자, 보좌관, 정치가, 경제전문가 등의 회고담이 글을 구성하는 데 중요한 자료가 되었다. 아울러 일본경제 및 정치와 관련된 각종 자료들을 토대로 글을 구성했음을 밝힌다.

고난을 넘어

공부보다 술과 친구를 좋아한 이케다

이케다 하야토는 1899년 히로시마(広島)현 요시나마을(吉名村, 현재의 다케하라시(竹原市))에서 양조업을 한 이케다 고이치로(池田吾一郎)와 우메(うめ) 사이에서 태어났다. 당시 양조업자라 하면 지역의 재력가이자 유지로서 정치적인 영향력도 있었다.

2차 대전 후 일본의 수상 가운데 기시 노부스케(岸信介), 사토 에이사쿠(佐藤栄作), 다케시타 노보루(竹下登), 우노 소우스케(宇野宗佑) 등 4명이 양조업자 집안 출신이었다. 이케다의 집안도 에도(江戸)시대부터 지역 기반의 유지로서 양조업을 통해 재력을 지녔기 때문에 이케다는 풍족한 유년시절을 보낼 수 있었다.

초등학교 시절 이케다는 수재로서 집안의 기대를 받았으나, 중학교 졸업 이후 시험에서 연달아 낙방한다. 타다노우미(忠海) 중학교를 졸업한 후 동경의 제1고등학교第一高等學校에 시험을 봤으나 2번이나 떨어져 결국은 구마모토(熊本)의 제5고등학교第五高等學校에 입학한다.

3수 끝에 고등학교에 진학할 당시 이케다의 나이는 이미 18세였다. 또래 친구들이 대학 수험 준비에 여념이 없을 때 이케다는 비로소 고등학교에 들어간 셈이다. 더욱이 보통 3년 걸리는 고등학교 과정을 그는 4년 만에 졸업했다.

고등학교 시절 이케다는 예술가임을 자처하면서 공부보다는 친구들과 술 마시고 노는 데 시간을 허비했다. 허리춤에 항상 100엔짜리를 차고 다니며 동기생인 미야자토 코호(宮里興保)나 아라키 토시오(荒木寿夫) 등과 함께 술 마시며 돌아다니기도 하고 걸핏하면 수업을 빼먹고 하숙집에서 바둑을 두면서 소일했다. 다만 아라키에 의하면 수업을 빠지고도 시험 칠 때만 되면 어떤 문제가 나올지 예상하는 능력은 이상하리만치 탁월했다고 한다.

술을 좋아한 이케다는 국수와 술을 파는 '이케다야(池田屋)'를 개업하지만 3개월 만에 망한다. 주인이라는 사람이 걸핏하면 친구들과 술을 마시고, 손님들의 술값을 외상으로 달아주니 장사가 될 리가 없던 것이다.

대장성의 '3등 관료'

이케다가 다시 공부에 전념하기 시작한 것은 대학에 들어간 이후의 일이다. 고등학교를 졸업할 즈음 이케다는 술친구인 미야자토에게 "지금까지는 서로 잘 놀았지만 대학에 들어가서는 고등문관시험(한국의 행정고시)을 봐야 하기 때문에 공부를 해야겠다"고 선언한다. 실제로 교토대학(京都大学) 법학부法学部에 들어가고 난 뒤에는 술 마시고 길거리를 방황하는 이케다의 모습은 자취를 감추었다.

이케다는 공부에 전념했다. 그는 동경대학에 들어가리라는 부모와 형의 기대에 부응하지 못한 데 자책해 고등문관시험에 합격해야겠다고 결심한 것이다. 이케다는 1925년 고등문관시험에 합격, 대장성에 들어간다. 이때 이케다의 나이 25세. 2년 후인 1927년 하코다테(函館) 세무서장으로, 1929년에는 우츠노미야(宇都宮) 세무서장으로 부임한다.

고등문관시험을 거쳐 대장성에 들어갔지만 그는 출세가도와는 거리가 멀었다. 당시 대장성의 출세가도에는 열차의 1등석, 2등석, 3등석의 차표 색깔이 각기 다른 것에 빗대어 3종류가 있었다고 한다. 즉 1등석 흰색차표(白切符組), 2등석 파란색차표(青切符組), 3등석 붉은색차표(赤切符組)에 비유되는 서열이 있어, 서열에 따라 부임지와 승진할 때 차별을 둔 것이다.

예컨대 1등석 흰색차표에 비유되는 대장성 관료는 런던, 뉴욕 등지에 재무관財務官으로 파견되었고, 2등석 파란색차표의 관료는 지방의 세무서장을 지내지만 곧 본청으로 발령받아 본청에서 근무하게 되는 것이 일반적이었다. 출세가 가장 늦은 3등석 붉은색차표에 비유되는 관료는 오랫동안 지방의 대장성 산하기관의 국장이나 세무서장을 전전했다.

이케다는 출세가 가장 늦은 붉은색차표에 속하는 이른바 '3등 관료'였다. 이케다의 동기 가운데 가장 출세가 빨랐던 이는 제1고등학교第一高等學校와 동경대학 법학부 과정을 거친 흰색차표 무리 가운데서도 발군인 야마기와 마사미치(山際正道)였다. 야마기와의 1년 후배인 사코미즈 히사츠네(迫水久常)는 이케다와 청사 부근의 아이스크림 가게에 종종 다닌 시절을 회상하면서 이케다가 자신들의 출세가도와는 거리가 멀었다고 회상한 바 있다.

'사람은 좋지만 그것뿐이었다'는 것이다. 이케다 자신도 훗날 인정한 바 있지만 엘리트 집단 대장성 안에서 이케다는 출세와는 거리가 먼 '3등 관료'에 지나지 않았다.

난치병에 걸리다

더욱이 이케다는 우츠노미야(宇都宮) 세무서장으로 재임하던 1929년 난치병에 걸려 출세가도에서 완전히 벗어나는 불운을 맞는다. '낙엽성천포창落葉性天疱瘡'이라는 희귀병에 걸린 것이다. 이 병의 증상은 피부 표면에 물집이 생기고 물집이 터졌을 때 고름이나 피가 나오고, 전신을 찌르는 듯한 가려움이 수분 간격으로 엄습해 참기 힘든 고통이 동반된다.

당시 이케다를 진료한 동경대학 의학부의 교수가 "이 병이 낫는다면 기적이다"라며 치료를 포기한 불치병이었다. 이케다는 잠시 병원에 입원했으나 치료 방법이 없음을 알고 퇴원해 동경 미나토구(港区)에 있던 처가에서 투병생활을 시작한다.

이케다의 처 나오코(直子)는 명치유신의 공신인 히로사와 사네오미(広沢真臣)의 손녀, 히로사와 킨지로(広沢金次郎) 백작의 3녀이다. 이케다와는 1927년 히로시마 출신의 정치가 모치즈키 케이스케(望月圭介)의 비서관이던 미야자와 유타카(宮沢裕, 2007년 작고한 미야자와 키이치 전 수상의 부친)의 중매로 결혼한다. 백작 집안의 딸로 태어나 고생이라고는 몰랐던 나오코 부인이었지만, 이케다의 병간호에 혼신의 노력을 다했다.

그러나 부인 나오코의 헌신적인 노력에도 증세는 좀처럼 호전되지 않았다. 고등학교 시절 친구인 미야자토는 문병을 갔을 때 이케다가 온몸을 붕대로 감싸고 가려움과 고통에 견디다 못해 자신 앞에서 눈물을 흘리는 모습을 봤다고 한다. 이케다는 훗날 "5년간의 투병 과정에서 엄청난 고통 때문에 몇 번이고 자살을 생각했다"고 회고할 정도로 당시 이케다가 겪은 육체와 정신의 고통은 대단했다고 한다.

부인의 급사와 귀향

병간호를 하던 사람이 병을 얻는다는 말이 있지만 투병 2년

째를 맞던 해 이케다의 부인 나오코가 급사하는 불운까지 겹친다. 병간호하며 피로가 쌓인 나머지 협심증狹心症이 발병해 급사한 것이다. 일설에 의하면 나오코는 피로가 쌓여 불면증에 걸렸고 수면제를 과용한 결과라는 이야기도 있다. 어쨌든 부인 나오코의 죽음은 병석의 이케다에게 엄청난 충격이었음이 분명하다.

부인이 죽은 뒤 이케다는 고향 히로시마로 돌아온다. 동경에서 히로시마로 돌아가는 여정도 혼자서는 힘들었을 정도로 이케다의 병은 깊었다. 동경역까지 의사 동반하에 들것에 실려 이송되었고 들것에 실린 채로 침대차로 옮겨져 히로시마로 갔다.

도중에 오사카역(大阪駅)에서는 고등학교 동기생인 시모무라 야이치(下村弥一), 하루야마 사다루(春山定) 2명이 격려차 마중 나왔으나, 너무나 초췌하고 변한 이케다의 모습에 무심결에 "네가 정말 이케다냐?"라고 물을 정도였다고 한다. 시모무라는 그 말을 잊었으나 이케다는 나중에 수상이 되어서도 그 말을 기억하고 있었다.

고향에 돌아와서도 이케다의 증상은 나아지지 않았다. 소금기가 있는 음식을 먹으면 땀을 흘리게 되고 땀 때문에 가려움이 심해졌다. 가려움과 고통에 떼굴떼굴 구를 정도였다. 모친을 비롯해 온 가족이 이케다의 간병에 매달리기 시작했다. 주된 요법은 소금기가 있는 음식을 끊고 철저히 야채 중심으로 식사를 하는 것이었다.

때마침 1932년 2월 무렵 리켄(理研)[1]에서 소금이 함유되지 않은 간장이 개발되었고 이것을 구입한 이케다 가족은 뛸 듯이 기뻐했다. 이 간장은 지금도 위장병 환자에게 식이요법으로 사용되고 있다. 철저히 식이요법을 시행한 결과, 발병한 지 5년째 되던 해인 1934년에는 목욕을 할 수 있을 정도로 이케다의 병세는 호전되었다.

그 후 약 1주일간 세토나이카이(瀬戸内海) 이요오오시마(伊予大島) 지역의 88개 후다쇼(札所, 불교도장) 순례를 하는데, 기도가 통했는지 순례 후 병세는 더욱 나아져 붕대를 풀고 옷을 입을 정도가 되었다.

순례에 나선 계기는 이케다의 모친이 꿈에 홍법대사(弘法大師)를 봤다고 해서 이케다를 데리고 간 것이다. 병세가 호전되기는 했지만 순례에 나설 때만 하더라도 짚신 신기도 어려울 정도였다. 그러나 기도가 통했는지 순례 후 이케다는 정상으로 돌아올 수 있었고, 5년에 걸친 투병생활도 막을 내렸다.

투병생활이 남긴 것

이케다는 병으로 많은 것을 잃었지만 거꾸로 얻은 것도 많았다. 그 중 하나는 신앙심이다. 특정 종교를 믿는 것은 아니지만 7일간 88개소 후다쇼 순례는 종교에 전혀 관심이 없었던 이케다로 하여금 신불(神佛)을 숭상하게끔 만들었다. 그 뒤부터 이케다는 아침에 일어나면 동쪽을 향해 손뼉을 치며 합장하고

기도하는 것이 일과가 되었다고 한다. 그리고 순례지 88개소의 '8'이라는 숫자에 대한 묘한 애착도 생겼다.

실제로 1960년에 이케다가 수상이 된 뒤 중요한 결정을 발표할 때마다 8이라는 숫자가 등장한다. 예컨대 제1차 내각(1960.7.18.), 제2차 내각(1960.12.8.)이 출범한 날에 8자가 들어 있다. 제3차 내각(1963.2.9.)의 경우에도 원래 8일로 정했으나 중의원 의장 인선문제로 당내 의견이 조율되지 않아 어쩔 수 없이 9일로 했다고 한다.[2]

둘째로 부유한 가정에서 귀하게 자란 이케다에게 끈기와 역경, 두려워하지 않는 용기와 근성을 심어주었다. 이는 훗날 대장성 관료로서, 또 수상으로서 어떠한 어려움에 닥쳐도 "그놈의 천포창天疱瘡에 비하면야……"라고 생각했다고 한다.

셋째로 얻은 것은 새 부인 미츠에(滿枝)였다. 이케다를 오빠라고 부르던 그녀는 고름이 묻은 붕대를 가는 것부터 식사 수발에 이르기까지 이케다를 헌신적으로 돌봐주었다. 전처의 집안을 의식한 주위의 맹렬한 반대에도 이케다는 미츠에와 재혼한다.

그리고 얼마 후 첫딸을 낳는데, 이케다는 딸의 이름을 나오코(直子)라 짓는다. 첫째 부인의 이름을 딸 이름으로 한 것이다. 그뿐만이 아니다. 딸 나오코가 학교에 입학하자 전부인이 다닌 학습원学習院에 진학시켰다. 부인 나오코에 대한 이케다의 마음이 어떠했는지를 보여준다.

대장성 복직

1934년 이케다는 대장성大藏省에 복직한다. 이 때 이케다의 나이 34세. 이케다가 복직하게 된 경위에 대해서는 몇 가지 설이 있다. 일기를 쓰지 않았고 글쓰기를 즐기지 않은 이케다였기 때문에 정확한 근거가 없어 아쉽다.

첫째는 이케다가 상경해 미츠코시(三越) 백화점에 들렀을 때 우연히 대장성의 선배를 만나 복직을 권유받았다는 설이다. 둘째는 미츠코시백화점에서 인사차 대장성에 전화를 걸었는데 당시 주세국主税局 관세과장關税課長이던 다니구치(谷口恒二)가 "죽었다고 생각했다. 다시 돌아와"라고 권유했다는 설도 있다. 셋째는 본인이 직접 대장성에 찾아가 세무서의 심부름꾼이라도 좋으니 복직시켜 달라고 부탁했다고 하는 설도 있다.

어느 쪽이 맞든 대장성에 복직하게 된 것은 이케다 본인으로서는 행운이었고 복직한 것만으로도 충분했으리라. 출세를 완전히 포기한 것은 아니었겠지만, 그렇다고 그런 희망을 가질만한 처지가 되지도 못했다.

대장성에 복귀한 이케다는 세제税制에 관해 열심히 공부했다. 다마츠쿠리(玉造) 세무서장税務署長, 구마모토세무감독국(熊本税務監督局) 직세부장直税部長, 동경세무감독국 직세부장을 거쳐 1939년 본청의 주세국主税局 경리과장經理課長이 된다.

이케다는 거의 날마다 밤 10시 넘도록 야근을 하면서 휴직기간 동안의 공백을 메우기 위해 노력했다. 그러나 여전히 대장성 내의 중요한 의사결정을 하는 자리와는 거리가 멀었다. 주세국의 중요회의에 부름을 받지 못하기 일쑤였고 혼자 따돌림 당하는 시기는 당분간 계속되었다.

미야자와 키이치(宮沢喜一)는 당시 직속상사인 모리나가 테이치로(森永貞一郎)에게서 "하필이면 이케다가 너의 보증인이냐?"라는 말을 들었다고 한다. 복직을 했어도 출세가도와는 거리가 먼 이케다였다.

그러나 1941년 이케다는 염원하던 주세국 국세과장(國稅課長)에 부임한다. 이케다가 평소 절친했던 마에오 시게사부로(前尾繁三郎)에게 "만약 될 수만 있다면 그 자리에서 관료생활을 그만 두어도 좋다"고 한 국세과장 자리였다. 국세과장으로 발령이 나자 이케다는 마에오에게 전화를 걸어 기쁨을 감추지 않았다고 한다. 대장성 장관이 되었을 때보다, 수상이 되었을 때보다 더 기뻐했다고 마에오는 회상한 바 있다.

마에오와의 만남

마에오는 후일 이케다의 정치적 성공에 큰 도움을 준 인물이다. 이케다가 마에오를 만난 것은 대장성 복직 다음해인 1935년 다마츠쿠리(玉造) 세무서장으로 부임했을 때였다. 부임 직후 우연히 와카야마(和歌山)에 들렀다가 4년 후배인 마에오를 만난다. 이후 둘은 마치 그림자처럼 붙어 다니며 선후배 보다는 친구처럼 평생을 같이 한다.

주위에서는 두 사람의 개성이 정반대인데도 친하게 지내는 것을 불가사의하게 생각했지만 둘 사이에 공감대를 이룰만한 공통점이 있었다. 둘 다 술을 좋아했고, 대장성의 3등 관료였다. 마에오는 이케다와 마찬가지로 병(결핵성늑막염)으로 대장성을 휴직했고 이케다와 거의 동시에 복직한 터였다. 둘 사이에는 동병상련의 친근감이 있었던 것이다.

동경으로 돌아와서는 세타가야(世田谷)의 마츠바라(松原)에 집을 구해 걸핏하면 드나들었다. 두 사람의 집은 불과 100미터밖에 떨어져있지 않았다. 1948년 이케다가 대장성을 사직할 때 마에오도 사직했고, 둘 다 고향에서 국회의원에 당선되어 정치가의 길을 함께 걷는다.

마에오는 후일 '이케다파(池田派)'가 형성된 뒤에는 집단의 대표격이 되었고, 이케다가 자민당 총재가 되고 수상이 된 이듬해부터는 자민당(自民党) 간사장(幹事長)으로서 이케다를 돕는다. 마에오는 35세까지 독신으로 지내다 늦장가를 가게 되었는데 신부에게 이렇게 말했다고 한다. "나는 병으로 언제 죽을지 모르니 결혼식은 가족만 참석해 조촐히 치르고 신혼여행도 가지 맙시다. 그러나 결혼 25년이 되어도 살아 있다면 은혼식과 기념여행을 아주 근사하게 하겠습니다."

마에오는 결혼 25년째인 1963년까지 살아남았고 아내와 약속한 대로 10월 15일 결혼기념일에 테이코쿠(帝国)호텔에서 성대하게 은혼식을 거행했다. 당시 수상이었던 이케다가 은혼식에 참석한 것은 물론이거니와 이례적으로 장시간 축하 인사를 했다고 한다.

패전 직후의 인생역전

1945년 패전을 맞이할 때 이케다는 주세국장主税局長의 자리에 있었다. 사실 교토대학(京都大学) 출신으로 대장성 국장까지 오른 것은 이케다가 처음이다. 이케다는 1947년 대장성 사무차관事務次官까지 승진하게 되는데, 2006년 7월 후지이 히데토(藤井秀人)가 사무차관이 되기 전까지 교토대학 출신으로는 유일하게 사무차관을 지냈다. 그만큼 대장성 내에서 동경대학 법학부의 벽은 높았다고 할 수 있다.

패전 직후 이케다는 대장성 청소임시사찰주임(大蔵省掃除臨時査察主任)에 임명한다는 이상한 사령장을 받는다. 물론 임시직이었고 패전 후 새 출발을 한다는 의미에서 청소주임을 발령한 것이었으나, 관청 중의 관청인 대장성의 주세국장이 이런 발령을 받았다는 것은 패전국 일본이 어떤 처지에 놓였는지를 시사한다.

이케다 자신도 '카스미가세키 탈출기(霞が関脱出の記)'라는 글에서 '72시간 이내에 현 상태 그대로 대장성을 GHQ(general headquarters 연합군사령부)에 넘길 것'을 하달 받았다고 한다. 미야자와 기이치(宮沢喜一)에 의하면 GHQ가 50시간 이내에 대장성에서 나가라고 명령했다고 하는데, 시간의 진위야 어떠하든 쫓겨나듯이 대장성을 나간다는 것은 이케다로서는 뭔가 아쉬웠다. 특히 물자가 부족하던 당시 상황에서 책상, 집기 등 사소한 물건이라도 들고 나가고 싶었던 이케다는 두 차례의 시도 끝에 일본인 2세 헌병의 도움으로 책상, 의자, 회의용 탁자 등 집기들을 몰래 반출할 수 있었다고 한다. 대장성이 요츠야(四ッ谷)로 옮겨 간 이후 이케다의 행적에 관한 이야기는 별로 없다.

중요한 사실은 패전이 오히려 이케다 개인에게는 출세의 계기가 되었다는 점이다. 전쟁의 책임을 물어 고위관료 및 경영자를 몰아내는 GHQ의 '공직추방조치'가 대장성에도 몰아닥친 것이다. 대장성 장관이었던 카야 오키노리(賀屋興宜), 사무차관 야마기와 마사미치(山際正道), 은행국장 사코미즈 히사츠네(迫水久常)도 추방되었다. 이케다를 앞서가던 1등 관료들이 일거에 사라진 것이다. 한바탕 공직 추방의 회오리가 몰아친 뒤, 이케다를 앞서 출세가도를 달리던 수재들은 관청에서 사라지고 없었다.

이케다가 살아남을 수 있었던 데에는 이케다의 인간적인 면도 작용했다. 출세는 늦었지만 출세가 늦었던 것이 오히려 후배들에게 친근감을 주었고 언제부턴가 이케다의 주위에는 많은 사람들이 모여들게 되었다. 또한 세무 관계 분야에서 오랜 기간 몸담고 있는 동안 기업경영자, 재계인들과도 친하게 지내 이들의 측면 지원도 받을 수 있었다.

관료에서 정치인으로

마침내 이케다는 1947년 대장성 관료로서는 가장 높은 자리인 사무차관事務次官이 되었다. 그러나 사무차관이 된 지 1년이 지난 1948년 오랜 관료 생활을 그만 두고 정치인의 길로 들어선다.

이케다가 정치의 길을 선택하게 된 것은 사무차관회의에서 자주 만났던 고교(第五高校) 동창생인 사토 에이사쿠(佐藤栄作)가 권유했기 때문인 것으로 알려진다. 미야자와 회고에 의하면 이케다는 대장성 관료 시절부터 이미 정치가가 되기 위한 준비를 한 것으로 보인다. 전쟁 중에 이케다는 동경세무감독국의 직세부장을 한 적이 있는데, 이 부서에는 술 배급권이 있었다. 이케다는 배급표를 받으러 오는 사람이 있으면 적당히 취사선택을 했는데, 미야자와 눈에는 선택 기준이 다분히 정치적인 것이었다고 한다.

국회의원이 된 이케다는 초선임에도 1949년 제3차 요시다(吉田)내각에서 대장성장관으로 임명된다. 여기에는 동경세무국 재직 시절 이케다의 도움을 받았던 미야지마 세이지로(宮島淸次郎)의 적극적인 추천이 있었기 때문이다.

미야지마는 요시다 수상의 자금줄로서 당시 '재계총리'로도 불린 실력자였다. 미야지마도 전전의 재계 인사들이 GHQ의 재벌 해체, 공직 추방 조치로 퇴출되자 일거에 재계의 중추가 된 인물이다. 미야지마를 비롯한 신진 경영자들이 이케다를 지원했다는 이유로 일찍부터 이케다는 '재계에 강한 이케다'로 불리기도 했다.

'닷지 라인' 실행

1949년 대장성장관으로 부임할 당시 일본경제는 패전 직후 물자 부족과 통화량의 팽창으로 극심한 인플레이션(물가 상승)에 시달리고 있었다. 악성 인플레이션을 잡고 일본경제를 안정시키는 방법은 과감한 긴축재정을 실시하는 것이었다. 이를 추진하기 위해 GHQ에 파견된 사람이 조셉 닷지Joseph Dodge다.

닷지는 1949년 2월 GHQ 재정고문으로 부임하자마자 대장성장관이던 이케다에게 두 가지를 실시하도록 요구했다. 첫째, 인플레이션을 퇴치하기 위해 재정 수입과 지출의 균형을 맞출 것. 둘째, 환율을 조기에 설정할 것 등이었다. 특히 균형재정을 위해서는 각종 보조금을 중지할 것을 요구했다. 이것이 이른바 '닷지 라인Dodge Line'이다. '라인'은 선이란 의미도 있지만 여기서는 '방침'이라는 뜻이다.

주권국으로서 지위를 회복하지 못하던 일본이기에 GHQ의 명령을 거부할 수도 없었지만 이케다는 금융, 재정 양부문에서 초긴축정책을 주장하는 닷지의 생각이 옳다고 보았다. 이케다는 닷지 라인의 충실한 실행자가 된 것이다. 이케다는 세입(7049억 엔), 세출(7046억 엔)을 균형 잡는 한편 환율을 1달러

당 360엔으로 고정시켰다.[3]

국민의 내핍을 요구하는 초긴축재정이었기에 야당은 물론 여당 내에서도 반대가 심했지만, 이케다는 설득에 나서 예산안을 관철시켰다. 이에 요시다 수상은 크게 기뻐해 황태자 시절의 천황이 하사한 담배 케이스를 천황가의 허락을 받아 이케다에게 선물했다고 한다.

강력한 긴축정책의 결과 인플레이션은 수습되었지만, 자금 핍박으로 기업들이 도산위기에 직면하는 이른바 '닷지 불황'이 찾아왔다. 1949년 하반기 중소기업은 물론 대기업들도 도산 위기에 내몰렸다. 도요타자동차가 도산 직전에 간 것도 이때 일이다. 정리해고가 잇따랐고 격렬한 노사분규가 발생했다. 이러한 위기 상황은 1950년 발발한 한국전쟁으로 인한 전쟁 특수로 급반전되어 경기가 회복세로 전환되었고 기업의 위기적 상황도 해소되었다.

구설수에 휘말리다

어쨌든 닷지 라인은 이케다에게 긴축재정론자, 소극적인 재정론자의 이미지를 각인시켰다. 또한 불황의 원흉으로서 매스컴의 공격 대상이 되기도 했다.

이케다는 이러한 평판에 개의치 않고 자신의 소신을 거침없이 말했다. 예컨대 1950년 대장성장관 시절에는 중소기업이 5개, 10개 쓰러진다 해도, 가난한 사람이 보리밥을 먹는다 해도 어쩔 수 없다고 주장한 것이다.

이러한 발언 속에 나타난 이케다의 사상은 요컨대 '경제 원리에 따른다'는 것이다. 즉, 경제 원리에 따라 생각하면 도산하는 사람이 나오는 것도 어쩔 수 없다는 것이다. 재능과 노력과 행운으로 부자가 된 사람이 쌀밥을 먹고(풍족한 소비생활을 즐기고), 그렇지 못한 사람이 보리밥을 먹는(소비를 억제할 수밖에 없는) 격차가 발생한다 해도 어쩔 수 없다는 말이다.

대장성장관 시절에 한 말이 국회 탄핵을 받기도 하지만, 경제 원리를 중시하는 이케다의 신조는 그 이후에도 변함없이 지켜졌다. 예를 들면 1956년 이시바시(石橋) 내각의 대장성장관이 되었을 때는 닷지 라인과는 정반대의 정책을 펼친다. 당시 '1000억 감세, 1000억 투자'라는 말이 있었는데, 공공사업 투자를 1000억 엔 늘리고 1000억 엔을 감세하는 정책을 빗댄 말이다. 당시의 1000억 엔은 전체 예산의 10%에 해당하는 거액이었고, 지금의 화폐가치로 따지면 10조 엔에 가까운 거액이었다.

소극 재정론자에서 적극 재정론자로 변신한 것이다. 그는 재정을 적자로 하더라도 경기를 진작하고 경제를 발전시켜야 한다고 생각했다. 그렇게 하면 자연히 세수가 늘어나서 나라 살림이 풍족해지고 일본경제도 성장할 수 있다고 믿었다. 1949년의 긴축재정과는 전혀 다르지만 경제 원리에 따라야 한다는 이케다의 신념을 엿볼 수 있다. 또한 경제 환경이 변함에 따라 경제 운용도 바뀔 수밖에 없다는 차원에서 이케다는 유연한 사고의 소유자임을 알 수 있다.

정관계의 요직을 두루 섭렵

이케다는 제3차 요시다 내각에서 대장성장관과 통산성장관을 겸임해 경제각료의 중추에 앉게 되었다. 또한 제4차 요시다 내각에서도 통산성장관과 경제심의청(후에 경제기획청, 2003년 통상산업성과 통합해 경제산업성이 됨)장관을 겸임했고, 그 후에도 자유당의 정조회장政調會長을 역임하는 등 정계의 중심적인 인물로 부상했다.

그런데 1954년 제5차 요시다내각 때 정부의 보조금 지급을 둘러싼 의혹사건이 발생했다. 이른바 '조선의혹造船疑惑' 사건4)이다. 이때 요시다 수상 아래에서 출세가도를 달리던 또 다른 인물, 당시의 자유당 간사장이었던 사토 에이사쿠에게 체포영장이 발부되었다.

그러자 당시의 법무장관 이누카이 타케루(犬養建)가 검찰총장에 대한 지휘권을 발동해 사토 체포를 저지하는 사태로 발전했다. 이는 전후의 정치 의혹에서 지휘권이 발동된 유일한 예다. 직권 남용이라는 세간의 비난을 받자 이누카이는 사임했고 내각도 무너졌지만 사토는 체포를 면했다.

이때 체포 영장을 받은 사람은 사토지만 이케다 역시 수상쩍다는 말이 나돌았다. 지휘권 발동으로 사토가 체포를 면했기 때문에 이케다에 대한 영장 발부도 정지되고 말았다. 조선

의혹 사건으로 이케다는 2월 28일에 참고인으로서 조사를 받았지만 그 뒤 5개월 후에 자유당의 간사장이 된다.

이 언저리에서 1950년대 초기 일본의 정치를 엿볼 수 있다. 요컨대 조선의혹도 이케다, 사토의 경력에 상처를 주지 못한 것이다.

이후 이케다는 당 제일의 재정 전문가로서 이시바시(石橋) 내각과 제1차 기시(岸) 내각에서는 대장성장관을, 제2차 기시 내각에서는 무임소 국무장관을, 그리고 제3차 기시 내각에서는 통산성장관을 역임했다. 그리고 기시의 3차 내각이 1960년 '안보투쟁'의 소동 속에서 책임을 지고 총사퇴한 이후 정권을 이어받아 이케다 내각이 성립했다. 1960년 7월 19일에 일어난 일이다.

이때 이케다는 중의원 당선 5회, 60세의 나이였다. '요시다 학교(吉田学校)'5)의 우등생 정도로만 인정받던 이케다가 마침내 수상의 자리에 오르게 된 것이다.

1960년의 정치사회적 불안정

여기서 이케다 내각에 앞선 기시 내각에 대해서 간단히 살펴보기로 하자. 1957년 2월에 취임한 기시 수상은 1960년에 발생한 두 가지 사건에 휘말려 좌초하게 된다.

첫 번째 사건은 1959~1960년 미이케탄광(三池炭鉱)에서 발생한 대형 노사분규이다. 기시 수상은 집권 후, 맥아더가 주창

한 '동양의 스위스'에서 공업대국으로 방향 전환을 시도하고
있었다. 그런 상황이 잘 드러난 한 예가 에너지의 합리화, 즉
국산 석탄보다도 값싸고 편리한 수입석유로 에너지원을 전환
시키려는 움직임이었다. 이러한 정책의 결과 석탄산업의 축소
가 진행되어 일본 최대 탄광 중 하나인 미쓰이 미이케(三井三
池) 탄광에서도 인원정리를 했다. 이 때문에 여기에 반대하는
노동조합에 의해 노동투쟁이 일어났다. '총자본 대 총노동의
대결'이라 불리는 '미이케투쟁(三池鬪爭)'은 기시 내각의 발목
을 잡는 중요한 요인이 되었다.[6]

두 번째 사건은 이른바 '60년 안보투쟁安保鬪爭'으로 기시
내각을 붕괴시키는 결정타가 되었다. 기시 내각은 출범 초기
부터 1951년 샌프란시스코 강화조약과 동시에 맺은 미일안전
보장조약을 독립국끼리의 협정에 적합한 형식으로 개정하고
10년간 연장하려고 했다. 그런데 이것을 둘러싸고 일대 소동
이 벌어지게 된다. 이른바 '60년 안보투쟁'이었다.

'안보투쟁'의 소용돌이

기시 내각은 출범 후 '자주외교'의 기치를 내걸고, 1951년
미국과 체결한 미일안전보장조약 개정 작업에 들어갔다. 구조
약 내용 가운데 일본국내에서 내란 발생 시 미군의 병력동원
조항이나 미국 이외 제3국에 대한 군사기지 대여 금지 조항
등이 일본의 자주성을 훼손한다고 판단했기 때문이다.

2년여 가깝게 미국과 교섭한 끝에 1960년 1월 워싱턴에서 새로운 '미일안보조약'이 체결되었다. 그런데 개정안의 제6조가 새로운 문제가 되었다. 제6조는 일본의 안전과 극동의 평화를 위해 미국의 육군, 해군, 공군이 일본의 시설 및 구역을 사용하도록 허용한다는 내용이다. 이것은 바꾸어 말하면 극동에서 전쟁이 발발하면 일본은 미국의 기지가 되는 것이고 일본 또한 전쟁터가 됨을 의미하는 것이었다.

체결 직후인 2월 비준안이 국회에 상정되었으나 야당을 비롯해 매스컴에서 일제히 조약을 반대하고 나섰고, 노동계와 대학생들도 반대 데모를 시작했다. 전쟁에 또 다시 휘말리지나 않을까 일반 국민들도 불안해하기는 마찬가지였다.

사태가 악화된 것은 기시 수상이 중의원에서 강행표결을 감행한 데서 비롯되었다. 6월 아이젠하워 대통령의 방일 전까지 어떻게든 처리해야 한다고 방침을 세우고, 5월 19일 밤 야당 의원들을 배제한 채 강행해 버린 것이다.

이것은 지금까지 혁신 진영이 주도한 '반안보反安保' 운동에 불을 붙였다. 국회의사당 앞의 데모 군중에 시민들이 합세하기 시작한 것이다.

6월 10일에는 아이젠하워의 비서가 하네다(羽田) 공항에 내렸다가 학생들이 공항청사를 점거하는 바람에 헬기로 탈출하는 사태도 일어났다. 6월 15일에는 국회의사당 앞 데모대를 진압하는 과정에서 동경대학 문학부의 여학생 간바 미치코(樺美智子)가 사망하고 1000명이 부상하는 최악의 사태가 발생

했다.[7]

기시 개인에 대한 증오감이 '기시정권 타도'의 구호로 바뀌었고, 재계도 기시에 등을 돌리기 시작했다. 출범 5년 만에 자민당 체제 전체가 흔들리는 위기를 맞게 된 것이다.

'경제의 이케다' 시대로

결국 기시 내각은 1960년 6월 23일 긴급각의에서 조약안이 최종 처리된 후 총사퇴하고 말았다. 이케다는 이러한 기시 내각의 뒤를 이었다.

안보투쟁에 대해 이케다는 거의 침묵으로 일관했다. 정치적으로는 기시에 반대하는 입장이었지만 반기시의 기치를 내세우지 않고 당 집행부의 결정에 따랐다. 이때 보인 신중한 자세도 수상 경쟁에서 유리한 위치에 서는 요소로 작용했다.

1960년 7월은 미이케투쟁, 안보투쟁의 어수선한 사회분위기 속에서 동서 대립 냉전구조를 반영한 일본 국내의 좌우 대결이 정점을 지나 곤두박질치는 시점이었다. 그 때문에 사회주의 세력도 투쟁에 지쳐 있었고 국민들도 데모와 파업에 질려 있었다. 기시 이후의 내각은 국민들에게 새로운 희망찬 정치를 펼쳐야 하는 과제에 직면해 있었다.

이케다는 그 요체가 경제에 있음을 누구보다 잘 알고 있었고, 공약에서도 '10년 후 소득 2배 이상 목표'를 국민들에게 약속했다. 그리고 그 준비는 1950년대 수차례 장관직 경험과

내부의 우수한 인재들의 노력으로 이미 끝나 있었다. 바야흐로 '경제의 이케다' 시대가 열리고 있었다.

경제대국으로 가는 길, 소득배증계획

'월급배증'에서 '소득배증'으로

전후 일본경제에 중요한 영향을 끼친 '소득배증계획'은 이케다 내각의 중심적인 정책으로서 유명해졌지만, 그 발단은 '임금배증계획'이었다. 이케다가 소득배증계획을 구상하게 된 경위는 다음과 같다.

1959년 1월 무임소 국무장관을 사직한 지 얼마 지나지 않은 어느 날, 이케다는 위로 차 방문한 일본경제신문, 요미우리신문 기자 2명과 함께 식사를 했다. 이 자리에서 요미우리신문 기자가 자신들의 신문에 난 나카야마 이지로(中山伊知郎) 중앙노동위원회 회장의 에세이를 읽어보기를 권했고, 며칠이

지나 이케다는 문득 신문기자의 말이 생각나 나카야마의 에세이가 실린 요미우리신문을 읽었다.

'임금 2배를 제창(賃金二倍を題唱)'이라는 제목을 본 이케다는 '이것이다'라며 무릎을 쳤다고 한다. 이때 경제관료 출신 이케다의 직감이 발동했고 '임금 2배'에 대해 본능적으로 관심을 두게 된 것이다.

그러나 '임금 2배'라는 표현에서 받은 영감이 일거에 '소득 배증'이라는 케치프레이즈로 연결된 것은 아니었다. 이케다가 공식석상에서 처음으로 '임금 2배'라는 표현을 입에 담은 것은 2월 히로시마의 한 연설회장에서였다. 동경으로 돌아오는 도중 오사카에 들러 재계인들과 함께한 간담회에서 다시 '임금 2배'론을 주장했다.

그러나 재계인들의 반응은 냉담하기 그지없었다. 춘투春鬪를 목전에 두고 노조의 임금인상 요구에 시달리던 경영자들로서는 이케다를, 현실을 몰라도 한참 오르는 사람으로 인식한 것이다. 결국 동경으로 돌아온 이케다는 재계에 변명하기에 급급했다고 한다.

3월이 되자 아사히신문에서 '임금 2배'를 '월급 2배'라는 표현으로 바꾸어 기사를 써 세간에 알려지기 시작했다. '월급 2배'가 다시 '소득 2배'로 바뀌게 된 것은 경영자들의 반발, 자영업자들의 반발을 의식하지 않을 수 없었던 데다가 일본경제의 전체 소득을 2배로 상승시키는 것이 정치인 이케다에게 적합한 케치프레이즈로 인식되었기 때문이다. 또한 여기에는 다무라, 시모무라 등 경제브레인들의 성장을 중시하는 경제정책이 일본경제 전반과 연관되어 있었기 때문이기도 했다.

월급배증과 소득배증은 따지고 들어가면 그 내용이 다소 다르다. '월급배증계획'은 개인 소득을 배로 한다는 알기 쉽고 대중적인 개념이다. 이에 비해 이케다의 소득배증계획은 GNP(국민총생산)를 2배로 하겠다는 목표니까 총자본적인 관점을 지닌 말이다. 이케다와 그의 브레인들의 머릿속에는 국민 생활도 중요하지만 기업의 생산 총액을 우선 늘리고 분배는 다음의 과제로 생각했던 측면이 있었다. 이런 맥락에서 이케다의 소득배증계획은 기업을 우선하는 정책으로 비판받을 소지가 있다.

제3의 브레인

이케다가 소득배증 아이디어를 냈다면 그 청사진을 구체적으로 그린 것은 역시 브레인 집단이었다. 이케다의 브레인 집단은 크게 나누어 마에오 시게사부로(前尾繁三郎), 오오히라 마사요시(大平正芳), 미야자와 키이치(宮沢喜一), 쿠로가네 야스미(黒金泰美) 등 관료 출신으로써 이케다의 비서관을 지낸 그룹과 다무라 토시오(田村敏雄)를 중심으로 한 코치카이(宏池会) 그룹 등 2개의 그룹이 있었다. 비서관 출신 그룹은 주로 현실 정치와 관련된 자문을 했고 코치카이를 중심으로 한 그룹은 주로 경제 전반에 관한 자문역을 맡았다.

코치카이는 원래 이케다를 후원하는 개인후원회 조직이지만, 자민당 내 이케다의 정치적 입지가 강화되면서 '이케다파(池田派)'의 대명사로 일컬어지게 되었다.

다무라는 코치카이(宏池会)의 사무국장事務局長을 맡아 이케다와 재계의 연결고리 역할을 했다. 또한 각종 연구회, 세미나를 주최해 논의 결과를 메모 형식으로 정리해서 아침마다 이케다에게 보고했다. 또한 연구회에서 나온 의견뿐만 아니라 책에서 얻은 지식, 길거리에서 부닥친 조그만 사건에 대한 감상에 이르기까지 자신이 갖고 있는 모든 정보를 이케다에게 전달했다.

다무라는 또한 코치카이(宏池会)에서 발행하는 기관지 『진로進路』의 편집을 책임졌다. 『진로』는 1954년 5월에 창간되어 월 1회 발행되었다. 분량은 대개 60쪽 정도에 불과했고 발행 부수도 많지 않았다. 다무라, 시모무라 등이 주된 논객이었고, 잡지명 그대로 일본의 진로를 설정하는 것이 주제였다. 그러나 1963년 중추 역할을 해오던 다무라가 사망하자 『진로』도 폐간되었다.

다무라가 꿈꾼 명재상 이케다

다무라와 이케다의 관계는 단순히 정치적인 상하관계를 넘어 친구로서 격의 없는 사이기도 했다. 다무라와 이케다는 대장성 입성 동기생이었다. 두 사람의 공통점은 대장성에 입성한

후 지방의 세무서를 전전하며 출세가도와는 거리가 먼 '3등 관료'를 지냈다는 점이다.

이케다가 병으로 고생했다면 다무라는 전혀 예기치 못한 사건에 휘말려 고난의 길을 걸었다. 1931년 만주사변 발발 후 만주국으로 발령받아 근무하던 다무라는 2차 대전 종전 직후인 9월 7일 러시아군에 포로로 사로잡혀 5년간 시베리아 포로수용소에서 강제노동에 시달렸다.

1950년 오랜 억류생활에서 풀려나 마이즈루(舞鶴)로 귀환한 다무라는 '이케다 대장성장관'이라는 신문기사를 보고 깜짝 놀랐다고 한다. 설마 동기생 이케다가 대장성장관이 될 줄이야. 그러나 다무라는 오랜 억류생활로 정신과 육체가 지쳐 있었고 공직 추방 명단에도 올랐기 때문에 관료나 정치가로서 운신의 폭이 제한되었다. 그는 "내 시대는 끝났다"라고 입버릇처럼 말하고 다녔다.

다무라는 사상적으로는 사회주의자였다. 마르크스 경제사상을 신봉하던 그가 이케다와 인연을 다시 맺은 것은 나름대로 목표와 이상이 있었기 때문이다. 만주 시절부터 병원이 없는 사회, 감옥이 없는 사회, 전쟁이 없는 사회 등 세 가지가 없는 사회 건설을 꿈꾼 다무라로서는 일본의 현실이 희망이 없는 듯 보였다. 그런 그가 마지막 기대를 건 것이 바로 이케다였다.

1945년 8월 15일 천황의 항복 선언을 듣고 '일본에는 진정한 정치가가 없었기 때문에 이 꼴이 된 것이 아닌가'하고 탄식한 다무라가 왜 이케다를 희망으로 생각한 것일까?

다무라는 자신의 꿈을 펼칠 대리인으로서 이케다를 선택했다. 다무라는 어떠한 정치적 야심도, 출세욕도 없었다. 단적인 예로 이케다가 수상이 된 후에도 정치 전면에 나서지 않았고, 이케다의 정치자금을 관리했음에도 죽을 때는 유산 한 푼 남기지 않았다.

이케다가 수상이 된 후 이케다파의 실력자 중 한 명이었던 우에키 코고로(植木庚子郎)가 찾아가 다무라에게 정계 진출을 권유했다고 한다. 교토 출신인 다무라에게 교토부(京都府) 지사 선거에 출마할 것을 요청한 것이다. 이에 다무라는 "바보 같은 놈, 그런 짓을 하기 위해 고생한 것이 아니다"라며 격노했다고 한다.

이케다가 수상이 된 후에는 이케다의 처신을 못마땅해 하기도 하고 직언도 서슴지 않아 한 때 이케다와 관계가 소원해진 적도 있었다. 이케다를 명재상으로 만들어 일본을 자신이 그리는 이상적인 사회로 만들어 보려는 것이 다무라의 희망이었던 것이다.

다무라의 사회주의 이념은 1950년대 이케다와 동반자 관계로 접어든 이후에도 한참동안 계속되었다. '다무라는 소련의 스파이'라는 주위의 험담에도 이케다는 다무라를 최측근으로 기용했다. 사회주의자 다무라가 고도성장이라는 자본주의 본령에 가까이 다가가는 변신을 하게 된 데에는 시모무라 오사무(下村治)라는 또 한 사람의 영향이 있었다.

경제브레인 시모무라

시모무라 오사무(下村治)는 소득배증계획의 기본적인 틀을 기획하고 입안한 인물이다. 시모무라는 이케다, 다무라와 마찬가지로 대장성 관료 출신이지만 병으로 인해 출세가도와는 거리가 멀었다. 시모무라에게 인생 최대의 적은 결핵이었다.

1910년생인 시모무라는 사가현(佐賀県) 무사 집안 출신으로 깔끔하고 냉철한 인상을 주는 인물이었다. 사가고(佐賀高)를 졸업한 뒤 동경대학 경제학부에 진학한 시모무라는 대학 재학 중에 폐결핵에 걸려 졸업도 1년 늦게 했다. 대장성에 들어간 후에도 폐결핵이 가끔씩 재발했고 이 때문에 출세와는 거리가 먼 한직을 돌 수밖에 없었다.

시모무라는 대학 시절부터 독특한 경제관으로 교수들의 시선을 끌었다. 당시 동경대학 경제학부는 마르크스 경제학이 풍미하던 시절이었지만, 시모무라에게는 마르크스 경제학이 재미없기 그지없었다. 참다못한 시모무라는 학내 잡지에 '잉여가치설 비판'이라는 마르크스 경제학을 비판하는 글을 싣기도 했다. 당시 잡지 기사를 읽은 한 교수가 "시모무라라는 사람은 도대체 어느 대학 교수인가"라고 물을 정도였다.

시모무라가 이케다를 처음 대면한 것은 1942년 요코하마세관(横浜税関)으로 발령받았을 때였다. 당시 전쟁 중이라 무역 거래가 드물었기 때문에 요코하마세관은 한직 중의 한직이었다. 폐결핵에 걸린 시모무라를 배려한 인사였다.

시모무라는 발령 인사차 관할 주세국의 경리과에 들리게 되었고 당시 경리과장이던 이케다를 처음 만난다. 그때만 하더라도 자신의 경제이론 실천자가 이케다가 될 줄은 몰랐을 것이다.

1950년 3년간의 투병생활 끝에 대장성에 복직한 시모무라는 관방조사과에 배치 받는다. 당시 조사과에는 폐병에 걸린 환자가 많았다고 한다. 또 한직에 내몰렸지만 시모무라는 3년간 투병생활 때부터 쓰기 시작한 '경제변동의 승수분석' 논문을 정리해 도호쿠대학(東北大学)에서 경제학박사 학위를 받는다. 이전부터 케인즈의 일반이론에 관심을 두고 근대경제이론 공부에 매진한 결과였다.

다무라와 시모무라의 의기투합

시모무라의 박사학위 논문은 대장성의 '조사월보'에 게재되었고, 근대경제이론에 관심이 있던 대장성 내 젊은 관료들을 중심으로 센세이션을 일으킨다. 이때부터 경제이론가 시모무라의 명성이 높아지고, 일본은행 정책위원이 된 시모무라의 방에는 젊은 관료들이 시모무라의 경제이론을 배우고자 모여들었다.

다무라와 시모무라를 만나게 된 것은 평소 친분이 있던 카가와 테츠죠(香川鉄蔵)의 소개 때문이었다. 대장성에 근무하던 카가와는 우연히 들린 다무라에게 '대장성에 대단한 놈이 있다'며 시모무라를 소개했고, 호기심이 발동한 다무라는 시모무라의 연구회에 참석한다. 여기서 다무라는 실업이 없는 경제, 불황이 없는 경제가 자본주의 체제에서도 가능하다는 시모무라의 열정적인 설명을 듣고 신선한 충격을 받았다고 한다.

시모무라 역시 고령의 나이임에도 다무라의 유연한 사고와 학문에 대한 열의에 깊은 감명을 받았다고 회고하고 있다. 어쨌든 이 두 사람의 만남은 구상 수준에 머물던 이케다의 소득배증계획을 구체화시키는 결정적인 계기가 된다.

'목요회'에서 이케다 경제정책 지침 마련

1958년 다무라는 코치카이(宏池会) 내에 경제전문가들로 구성된 연구회를 출범시켰다. 머지않아 도래할 이케다 집권기의 경제정책을 준비할 목적이었다. 연구회는 목요일에 열린다고 해서 '목요회木曜会'라 불렸다.

첫 연구회는 1958년 7월 아카사카(赤坂) 프린스호텔에서 열렸는데 격려차 이케다가 참석했다. 여기서 시모무라는 이케다와 다시 대면하게 된다. 이케다는 이미 다무라를 통해 시모무라의 존재를 익히 알고 있던 터였다. 소득배증계획의 주역인 이케다, 다무라, 시모무라 3인이 처음으로 공식석상에서 얼굴을 마주하게 되었다.

목요회의 회원으로는 시모무라를 비롯해 경제평론가 다카하시 카메키치(高橋亀吉), 관료 출신의 호시노 나오키(星野直樹),

구시타 히카오(櫛田光男), 일본개발은행 부총재 히라다 케이치로(平田敬一郎) 등이었고 나중에 일본개발은행 부총재를 지낸 이나바 히데죠(稲葉秀三)가 합류했다.

목요회 멤버 구성상의 특징은 경제학자가 한 명도 없다는 점이다. 시모무라 이외의 이론가는 필요 없다고 생각한 다무라가 경제학자를 한 명도 넣지 않았기 때문이다. 그만큼 시모무라의 능력에 대한 다무라의 신뢰는 절대적이었다.

목요회는 시모무라가 안을 준비해 토론을 이끌었다. 나중에 합류한 이나바는 종종 시모무라의 주장에 반론을 제기한 적이 있는데, 그 때마다 자신감에 가득 찬 시모무라의 답변에 압도당했다고 한다. 시모무라는 기본적으로 '일본경제는 훌륭한 성장력이 있다'는 낙관론자였고, 이러한 선견을 다무라는 신앙처럼 받아들였다.

목요회에서 시모무라의 정책 구상과 토론 내용은 어김없이 금요일 아침 다무라를 통해 이케다에게 전달되었다. 이케다는 아침마다 출근 전 조식을 겸한 자리에서 다무라의 보고를 받았다. 시모무라가 이케다를 직접 만나는 일은 거의 없었다. 이케다는 다무라를 통해 시모무라의 이론을 자신의 것으로 체득하고 있었던 것이다.

시모무라는 크게 떠벌리는 인간을 싫어하는 성격이었고, 출세보다는 학문에 전념하는 스타일이었다. 아마도 출세를 생각했다면 자신이 직접 나서서 이케다 주위를 맴돌았을지도 모른다. 이케다가 수상이 되고 나서 경제브레인 시모무라의 이름이 부상하자 매스컴에서 그를 취재하려고 열을 올린 적이 있는데, 이케다와 시모무라가 같이 찍은 사진이 한 장도 없어 곤란해했다고 한다.

목요회 출범 이후 시모무라의 이론은 이케다 주변으로 급속히 침투했다. 1958년 말 시모무라의 경제이론과 정책구상을 집대성한 『경제성장을 실현하기 위해』라는 책이 출간되었다. 그런데 시모무라의 논문이 책으로 출간된 시점이 묘하게도 나카야마 이지로(中山伊知郎) '임금 2배를 제창'이라는 에세이가 요미우리신문에 발표되기 2주 전이었다. 이케다의 머릿속에 있던 시모무라의 고도성장론에, '임금 2배론'이 오버랩 되면서 이케다는 소득배증 구상을 확고히 한 것이 아닐까 한다.

무위로 끝난 기시 내각의 소득배증계획

사실 소득배증계획은 기시 내각 시절인 1959년 경제기획청에서 '장기계획'으로 입안하려는 움직임이 있었다. 당시 기시 수상에게 소득배증계획을 수립하도록 강력히 건의한 각료가 있었는데, 바로 후쿠다 다케오(福田赳夫)였다.

후쿠다는 이케다와 마찬가지로 대장성 관료 출신으로 한 때 관료의 최고 직위인 사무차관 물망에까지 올랐으나, 1949년 '쇼와덴코(昭和電工) 의혹사건'8)에 휘말려 대장성을 사직한 뒤 1952년 정계에 진출했다. 그 후 후쿠다는 '반요시다'를 기치로 내건 기시파로 들어가고 결국 요시다학교 출신의 이케다와 정적이 된다.

1959년 당시 자민당 간사장을 맡고 있던 후쿠다는 이케다가 5월의 참의원 선거 유세에서 '소득 2배론'을 들고 나오자 그것을 기시 내각의 정책으로 만들어버리기로 작정한다. 후쿠다는 기시 수상을 움직여 참의원 선거 전날 각의에서 '경제규모를 10년간 2배로' 하는 장기계획의 작성을 추진하도록 했다. 기시 반대파로서 당내 비주류였던 이케다에게서 '소득배증'이라는 무기를 빼앗아 이케다의 힘을 없애려는 심산이었다.

경제 관료들은 내심 소득배증계획 작성을 못마땅해 했으나 수상의 지시라 어쩔 수 없이 일은 추진되었고[9], 경제기획청은 자민당과 협력해 여름이 끝날 무렵 초안을 완성해 10월 각의에 상정한다. 준비 1년, 마무리 반년 정도가 걸리는 장기계획 작성을 불과 2개월 정도에 끝낸 것이다.

정작 문제는 10월의 각의에서 발생했다. 대장성장관이던 사토 에이사쿠(佐藤栄作)가 강력히 반대하고 나선 것이다. 계획 속의 여러 수치들이 어정쩡해 만일 국회에서 추궁을 당할 경우 대답할 자신이 없다는 것이 이유였다.

실행 주무부서인 대장성의 납득 없이는 어떠한 경제계획도 성사시킬 수 없었다. 결국 기시 내각의 '소득배증계획'은 보류되어 경제기획청의 자문기관인 경제심의회(경제기획청의 자문기관, 약 200명의 전문가로 구성)로 넘어가게 되었고, 다음해 이케다 수상의 손에 넘어오기까지 1년 가까이 빛을 보지 못하게 된다.

사토 에이사쿠가 반대하지 않았다면 아마도 기시 내각 때

후쿠다의 전략대로 소득배증계획이 성사되었을 것이다. 아마도 후쿠다는 기시 정권이 단명하리라고는 생각지도 못하고 '다음에는 성사시킬 것'이라고 생각했을 것이다.

소득배증계획 속에 담긴 경제철학

이처럼 기시 내각의 계획안이 흐지부지 되는 동안 다른 한편에서는 이케다가 시모무라에게 지시하여 코치카이(宏池会)에서 제2의 안을 만들고 있었다. 경제심의회에서는 17개의 전문소위원회, 200명이 넘는 학자, 실무가가 동원되었고, 관계 자료만 2미터가 넘었다. 경제심의회에서 많은 사람들이 동원되어 고생한 반면, 코치카이에서는 시모무라 혼자서 계획을 완성해가고 있었다.

유명 경제잡지의 편집장이었던 다나카 코죠(田中興造)가 시모무라를 방문했을 때, 시모무라는 다다미 한 장 크기의 표를 보여주며 여기에 모든 것이 들어 있다고 했다. 큼지막한 표에는 1951~1959년까지 통계와 1960~1970년까지의 예측이 첫째 항목인 설비투자부터 열다섯째 항목인 전산업 취업자까지 모두 계산되어 있었다.

방대한 분량의 수치 계산은 시모무라가 이끄는 별동부대 '토요회土曜会'가 맡았다. 대장성 시절부터 시모무라의 이론에 심취한 히가시 쥰(東淳), 도미다 쥰지로(冨田純次郎), 에비사와 도신(海老沢道進) 등이 주요 회원이었다. 이들은 업무가 끝난 토요일 오후에 모여 성장이론을 공부했다. 이들이 시모무라의 성장이론을 계획화하는 작업에서 복잡한 수치 계산을 담당했다.

시모무라의 소득배증계획은 수차례 수정되어 1960년 8월 19일 최종본이 완성되었다. 이케다가 수상이 된 다음 달이었다. 계획안은 '성장정책의 기본이론(成長政策の基本理論)'이라는 제목 아래 공표되었다.

소득배증계획에 담긴 시모무라의 기본 생각은 '계획'이라기보다는 '가능성의 추구'였다. 시모무라는 서문에서 "나는 계획주의자가 아니다. 내가 흥미를 두는 것은 계획이 아니라 가능성의 탐구다. 청사진에 맞추어 국민 생활을 통제하는 것이 목표가 아니라 국민의 창조력을 개발하고 진작하는 조건을 찾는 것이 목표다"라고 적었다.

경제기획청의 계획에서는 '10년에 2배'라는 목표에 짜 맞추어 경제성장률을 계산하고 있는 데 반해, '성장정책의 기본이론'에서는 합리적인 경제운영 방법을 제시하고 그 결과 10년 후의 소득은 2.5-3배도 가능하다고 보았다. 시모무라는 경제성장을 "실질적인 생산능력의 확충이 총수요의 팽창으로 연결되고 국민총생산으로 실현되는 과정"으로 정의했다. 또한 실질적인 생산능력을 확충하는 중핵 요소로 민간설비투자를 지적하고, 설비투자의 증강이 순조로이 이루어질 경우 일본경제의 성장률은 연평균 11%도 가능하다고 판단했다.

'미스터 나인 퍼센트'

취임 한달 후인 8월 하순 이케다는 경제기획청의 계획안을 보고 받았다. 기획청안의 골자는 10년간 소득을 2배로 늘리기 위해 연평균 경제성장률을 7.2%로 책정해놓은 것이었다. 이케다는 이 수치에 불만을 나타내고 경제기획청 담당자들에게 성장률의 상향 조정을 요구했다. 그러나 경제기획청의 초안은 경제성장률 7.2%를 전제로 만든 것이기 때문에 모든 작업을 다시 해야 했다. 경제기획청 관료들은 고민하기 시작했다.

이케다가 7.2%의 성장률에 만족하지 못한 것은 배후에 시모무라의 매력적인 계획이 있었기 때문이다. 시모무라는 소득 2.5-3배, 연평균성장률 11%의 고도성장이 가능하다고 자신하지 않았던가. 이케다는 시모무라의 계획안을 숨긴 채 경제기획청을 다그친 것이다.

그러나 경제심의회의 '국민소득배증계획'은 7.2% 성장률을 수정하지 않은 채 올렸고, 자민당 내에서도 경제기획청의 성장률 수치와는 다소 다른 계획안을 '국민소득배증계획의 구상'이라는 제목으로 제출했다.

집권 초기 당내 정치적인 갈등이나 관료와 마찰은 바람직하지 않았기 때문에 이케다는 결국 경제기획청안을 기본으로 자민당안을 탄력적으로 적용한다는 각의 결정을 내린다. 1960년 12월 27일의 일이다.

이케다 입장에서는 보수 안정적인 자민당, 관료의 경제관이 못마땅했지만 어쩔 수 없는 일이었다. 그러나 공공연히 9% 성장 가능론을 말하고 다녔다. 임기 중인 1963년까지는 9% 성장은 충분히 가능하다는 것이다. 9% 성장을 외국에 나가서도 말하는 통에 '미스터 나인 퍼센트'라는 별명이 붙기도 했다.

소극 재정에서 적극 재정으로

역사를 살펴보아도 국민적 인기를 끈 재정가는 극히 드물다. 재정 파탄을 걱정해 전쟁 중지를 외친 사람은 세계 어느 곳을 막론하고 욕을 먹었다. 전쟁에서 이긴 장군이 압도적인 인기를 누리는 것과는 대조적이다.

일본사에서는 조선 침략 때 군사적 공세를 강하게 주장한 가토 기요마사(加藤淸正)에 대한 인기는 높다. 반면, 전쟁을 그만 두고 무역을 하자고 일찍이 휴전을 주장한 고니시 유키나가(小西行長)에 대한 평은 좋지 않다.

중국에서도 북방에서 온 유목민의 나라 금과 싸워야 한다고 주장한 송의 악비岳飛 장군의 인기는 높다. 현재도 그를 모시는 악비묘는 중국 전역에 산재해 있다. 그러나 전쟁을 치를 재정적인 뒷받침이 없으니 조금 양보하고 민생과 경제를 우선해야 한다고 주장한 진회秦檜는 완전히 못된 놈이 되어 버렸다. 각지의 악비묘 한 구석에는 뒤로 손이 묶인 진회 부부의

석상이 있고, 악비에게 절을 올리고 돌아가는 사람들이 거기에다 침을 뱉는다.

재정과 경제로 국민적 인기를 누린 드문 예가 바로 이케다 수상이다. 모든 것을 재정 경제에 집중시킴으로써 국민적인 인기를 누렸다. 일본의 분위기를 그런 상황 속으로 이끌고 간 것이다.

이케다는 소득을 2배로 늘리기 위한 여러 가지 구체적인 수단과 방법을 제시했는데, 주요 골자는 크게 2가지로 축약할 수 있다.

첫째, 중화학공업 분야에 정부의 재정 자금을 우선적으로 투입한다. 그러기 위해 인프라 확대, 공업 용지 정비 등 구체적인 시책을 추진한다. 둘째, 농촌의 근대화를 통해 농촌 소득을 2배 늘리고 이농 인구를 중화학공업 분야와 서비스산업에서 흡수해 고용 안정을 도모한다. 이른바 신농정新農政 실시다.

중화학공업 집중 투자의 기준

시모무라의 기본 관점은 민간의 설비투자 증가가 일본경제 성장의 핵심 요소이며, 설비투자는 생산성 및 소득유발효과가 큰 분야에 집중될 필요가 있다는 것이었다. 이러한 시간은 이케다 내각의 중화학공업 중시의 경제정책에 그대로 반영된다. 예컨대 1963년 제정된 전략산업 선정 기준은 중화학공업 분야를 염두에 둔 것이었다. 같은 해 통산성은 '산업구조조사회

답신'을 통해 향후 일본이 집중 육성해야 할 산업 선정 기준으로서 '소득탄력성 기준'과 '생산성상승 기준'을 설정했다.

소득탄력성 기준이란 전체 경제성장률보다 높은 성장이 기대되는 성장주도 산업, 생산성상승 기준이란 산업 전체의 생산성 증가율보다 높은 생산성 증가율을 나타내는 수출유망한 산업을 염두에 둔 것이었다. 이 두 가지 기준은 산업정책을 전개하는 데 중요한 척도로서 그 의미를 지닌다.

두 가지 기준을 충족시키는 산업으로서 자동차산업, 전자산업, 항공기산업 등이 선정되었다. 이들 산업은 관련분야의 광범위 정도, 기술혁신의 가능성, 다양한 응용분야 등의 측면에서 유망한 것으로 평가되었고, 결국 일본이 경제대국으로 성장하는 데 결정적인 기여를 한다.

이러한 산업분야는 수천 개 이상의 부품이 조립되는 특성상 중소기업의 경쟁력이 관건임은 더 말할 나위가 없다. 이케다 내각도 이를 중시해, 중소기업의 경영 합리화, 설비 근대화, 기술 고도화를 위해 지원을 아끼지 않았다. 또한 전략산업으로 지정된 업계에는 세제상의 특별상각제도, 개발은행 융자 등을 통해 금융·세제상 혜택을 제공했다.

중화학공업 분야 우선의 산업정책은 이케다 사후에도 일본 산업정책의 근간이 되었다. 또한 설비투자 주도의 경제정책은 고도성장기 '투자가 투자를 부른다(投資が投資を呼ぶ)'는 성장 패턴을 창출하기도 했다.

국토개발도 중화학공업 육성과 연계해 추진

국토종합개발계획도 중화학공업 육성 정책과 연관해 추진되었다. 우선 중화학공업을 위한 용지를 전국에 정비했다. 구체적으로 '전국종합개발계획'에서 '신산업도시'나 '공업정비특별지역'을 지정하고, 거기에 국가가 보조금을 많이 지원해 매립하고 도로를 만들고 항만시설을 정비하는 등 공공사업을 했다.

그 때문에 공업에 의한 지역경제 발전이라는 기치를 내걸고 지방자치단체는 공장 유치에 혈안이 되었다. 이렇게 조성된 대규모 공장에서 대량생산을 함으로써 일본의 공업 발전을 지향했다.

중화학공업 공장을 건설하기 쉽게, 싼 토지를 정비해둔 덕분에 욧카이치(四日市), 미즈시마(水島), 카시마(鹿島) 등 전국 각지에 새로운 공업 용지가 형성되었다. 그 결과 일본의 제조업, 특히 중화학공업은 싼 가격으로 잘 정비된 공업 용지를 손에 넣을 수 있었다. 종업원의 거주나 통근, 그리고 외국에서 석유나 철광석의 수입 수송에 매우 유리한 조건을 얻을 수 있었다.

사회간접자본에 대한 투자도 급증해 도로, 항만, 폐기물 처리, 공업용수, 철도 등에 대한 투자액 대 GNP 비율은 1956년 1.0%에서 1964년에는 3.5%까지 상승했다. 도로정비사업과 함께 일본국유철도(国鉄)에 의한 고속전철망 신칸센(新幹線) 확장 사업도 대규모로 이루어졌다. 1964년 동경올림픽 개최도 있고 해서 사회 인프라 건설에 가속도가 붙었다. 철도, 도로 건설에는 대장성이 관리하는 재정투융자財政投融資 자금이 주요 투자재원이 되었다. 재정투융자 자금은 국민들의 우편저금을 원자原資로 운용된 것이다.

'신농정' 실시

이케다의 소득배증계획에서 흔히 간과되거나 비판을 받기도 하는 부분이 농업부문의 소득향상정책, 이른바 '신농정新農政'이다. 이케다가 죽음을 앞두고 그 결실을 보지 못해 가장 아쉬워한 정책이기도 하다.

이케다의 소득배증계획은 국민소득 전체를 2배로 향상시키는 것이었기 때문에 농가 소득도 향상시킬 대안이 필요했다. 그러나 계획수립을 전담한 시모무라나 다무라는 농정에 문외한이었다. 이러한 이케다 진영의 고민을 해결해 준 사람이 이케모토 키사오(池本喜三夫)였다.

이케모토는 이케다와 동갑(1899년생)으로 프랑스에서 학위를 받고 동경농업대학 교수로 잠시 재직했으나 이후 실험 농목장을 창설해 농업경영 분야에 일생을 바친 사람이다. 다무라가 이케모토의 신농정 이론에 관심을 둔 것은 1959년 11월의 일이다.

당시 자민당 정조회政調會의 농림어업조사회에서 '일본의

농업경영에 관한 구상'이라는 테마로 이케모토가 발표했다는 것을 듣고 이듬해 3월에 코치카이의 연구회에 이케모토를 초청했다. 여기서 이케모토의 구상을 듣고 마무라는 큰 감동을 받았다고 한다. 당시 이케모토의 주장은 다음과 같았다.

첫째, 일본의 농지를 저지대 농업지대와 고지대 농업지대로 분류해 저지대에서는 쌀과 야채를, 고지대에서는 공업원료(섬유원료, 피혁원료, 낙농원료)를 재배한다.

둘째, 농가당 경지면적을 3-5배 늘리고 경지의 깊이를 2-3배 깊게 하고, 화학비료가 아닌 퇴비 사용을 5배 이상으로 높인다.

셋째, 이 두 가지 방법을 사용하면 농산물가격은 50% 가까이 하락하지만 이농 현상이 동시에 발생해 농민 1인당 소득은 5배 내지 6배 상승한다는 것이다.

이케모토의 주장대로라면 토지가 좁고 인구 과잉으로 인해 자력으로 국토를 확장할 수밖에 없다는 메이지 이래의 팽창주의 사고에 종지부를 찍을 수 있다. 또 중화학공업 분야의 대규모 투자가 실행되면 이농 인구를 충분히 흡수할 수 있다.

다무라는 소득배증계획의 전체적인 틀에 이케모토의 신농정이 맞아떨어진다고 판단했다. 농촌도 살리고, 중화학공업 분야의 일손 부족도 해소되고, 나아가 좁은 국토 일본을 살리는 그야말로 1석 3조의 해결책이라고 판단한 것이다. 시모무라 또한 '이케모토 씨의 이론에 의해 고도성장이 농업의 문제도 해결할 수 있게 되었다'고 회고했다.

다무라는 이를 즉시 이케다에게 보고하고 다무라의 설명을 들은 이케다 역시 이케모토를 농정고문으로 발탁해 신농정 계획에 지원을 아끼지 않도록 지시했다.

'진무 이래의 호경기'

1950년대의 일본경제는 전쟁 부흥이라는 캐치프레이즈 효과로 연평균 9.6%라는 고도성장을 이루었지만, 1960년대는 그것을 상회하는 10.3%의 성장률을 달성했다. 1868년 메이지 유신(明治維新) 이래 2차 대전 이전까지 일본경제 성장률은 약 4.5% 정도였다. 물론 이 수치도 선진국과 비교하면 높은 편이었지만 1960년 전후의 고성장에 비할 바가 아니었다.

1959년부터 1960년 기간 중 일본경제는 1958년 나베조코경기(鍋底景気)에서 탈출해 이와토경기(岩戸景気)라 부르는 호경기로 진입한다. 그러나 이러한 가운데서도 회의적인 견해를 내놓는 경제전문가가 적지 않았다.

예컨대 츠루 시게토(都留重人)는 1960년 미국에서 열린 한 경제학회에서 1960년대 전반의 일본경제성장률은 2차 대전 이전의 성장 추세선의 연장에 불과하다고 주장하여 이케다 내각의 성과를 평가절하하기도 했다. 그러나 2차 대전 이전의 경제 성장 정도가 5%에 못 미친 점을 고려하면 츠루의 평가는 지나친 것이라 할 수 있다. 훗날 츠루 자신도 과학적인 분석에 근거한 것이기 보다는 역사적인 종합판단에 의한 '감'이었던 것으로 고백한 바 있다.

이케다 내각 초기 4년간, 즉 1960년 후반부터 동경올림픽이 열린 1964년 가을까지 일본은 '진무(神武, 신화상의 초대 일본 천황) 이래의 호경기'라고 불릴 정도로 급속한 성장을 이룩했다. 이 기간 중 일본의 경제성장률은 10%를 넘어섰다. '경제의 이케다'가 큰 인기를 누릴 완벽한 조건을 갖춘 셈이다.

계획을 훨씬 웃돌다

이케다 내각이 내세운 '소득배증계획'은 평이 좋았다. 소득배증계획이 대성공을 거둔 것은 당시 국민이 기대하던 최선의 과정으로 모든 계획이 진행되었다는 사실을 의미한다. 우선 경제실적이 소득배증계획의 목표를 훨씬 상회하는 속력으로 달성되었음을 들 수 있다.

GNP를 10년 만에 2배로 만들려면 일본경제는 평균 7.2%의 성장을 계속하면 되는데, 1960년대에는 연평균 10.3%의 성장률이었다. 따라서 6년 반 만에 GNP는 2배가 되었다. 계획의 목표연도인 1970년에는 계획을 훨씬 상회하는 '초과 달성'을 이룬 것이다.

또한 소득배증계획이 발표되었을 당시 여기에 대한 우려나 비판이 많았다. 특히 사회당이나 공산당 등의 혁신 세력이 격렬히 비판했다. 그러나 이들의 비판은 타당성이 없었다.

우선 소득배증계획을 추진하면 부자는 점점 부자가 되지만 가난한 사람은 더 가난해지는, 다시 말해 소득 격차가 확대된다는 비판이 있었다. 그런데 현실적으로는 그 사이 소득 격차는 점점 줄어들고 있었다.

그리고 경제를 성장시키기 위해서 무리한 확대 정책을 취하면 악성 인플레이션이 일어나지 않는가 하는 비판이 있었다. 확실히 물가는 상승했지만 그 상승은 안정권 내에서의 상승이었다.

또한 경제를 크게 발전시키기 위해서는 기업 우대 정책을 취할 수밖에 없으므로 여러 가지 왜곡이 발생할 것이라고 우려하는 목소리도 들렸다. 여기저기서 해고 소동이 벌어질 것이므로 실업자가 늘어날 것이라는 전망도 나왔다. 나아가 도시가 무질서하게 팽창하고 범죄가 급증하는 황폐한 세상이 출현할 것이라는 설도 나왔다. 그러나 현실적으로 실업률은 오히려 내려갔고 범죄율도 많이 떨어졌다.

이중경제구조론

당시 일본경제를 비판하는 또 한 가지 이론이 경제의 '이중구조론二重構造論'이다. 이중구조란 용어는 동경대학의 아리사와 히로미(有沢広巳) 교수가 처음 썼고, 1957년판 『경제백서經濟白書』에 인용되었다. 그 뒤 이중구조라는 용어는 일본경제의 취약성을 대표하는 하나의 유행어가 되기도 했다.

원래 아리사와 교수는 "일본경제는 근대적 분야와 전근대적 분야의 '이중적 계층구조'를 띠고 있다"고 했다. 이것이 이 중구조라는 표현으로 바뀐 것이다. 1957년판 경제백서에서는 '일국 내에 선진국과 후진국의 이중구조가 존재한다'고 표현되었다. 그리고 이 용어는 한 걸음 더 나아가 중소기업과 대기업의 격차, 특히 임금 격차를 지칭하는 협의의 용어로 사용되기도 했다.

그러나 1960년대 고용 상황을 보면 시모무라가 의도한 완전고용에 근접한 상태에 이르렀고, 정부의 중소기업 육성 지원정책의 성과도 나타나 대기업과 중소기업이 동반 성장했다. 국민 경제 전체의 소득 배증을 노린 이케다 내각의 정책이 성과를 나타내었음은 부인하기 어렵다. 결국 이중경제 논란도 1970년대 이후 점차 수면 아래로 들어갔다.

공해 문제, 농촌의 과소 문제가 새로운 과제로

요컨대 이케다 내각이 소득배증계획을 내세울 당시 반대세력이 제기한 비판은 통용되지 않은 것이다. 이케다 내각이 소득배증계획을 내세웠을 때 논의된 문제들에 관한 한 이케다의 사고는 타당했다고 할 수 있다.

그러나 전혀 다른 차원에서 반대자도 예상치 못한 문제가 발생했다. 그것은 공해 문제와 과밀·과소 문제였다.

공해 문제는 1961년 87명의 미나마타병(水俣病) 환자를 시작으로 이른바 '4대 공해병'이 60년대 심각한 사회문제가 되었다.[10] 사실 1960년대에 발생한 공해 문제는 1930년대 설립된 화학 공장의 오폐수가 주범이었으나, 이케다 내각 또한 전국 각지에 화학공장을 장려, 육성하는 정책을 펼쳤기 때문에 무관하지 않았다.

농촌의 과소, 도시의 과밀 문제도 해결해야 할 과제 중 하나였다. 예컨대 국토종합개발계획과 중화학공업 육성 정책에서는 혼슈(本州)의 태평양연안벨트가 주요 개발 대상이었다. 그러나 이 지역으로 인구와 자원이 밀집되는 반면, 개발에서 소외된 지역에서는 인구가 빠져 나가는 현상이 발생했다. 심지어는 폐촌廢村 현상까지 나타나기도 했다.

이케다 내각 때에 소득배증계획을 비판한 사람들도 생각하지 못한 그런 일들이 1960년대에 사회문제로 등장하게 되었다.

관용과 인내: 이케다의 정치철학

이케다의 정치철학

이케다 내각의 중심 정책이 '소득배증'이었다면 '관용과 인내'는 정치인 이케다를 상징하는 표현이라 할 수 있다. 이 표현이 공식적으로 처음 등장한 것은 수상으로 가는 최종 관문인 1960년 6월의 자민당 총재 경선 때였다. 수상이 된 다음인 9월 5일 새 정책을 발표하는 가운데서도 "의회정치가 신뢰를 회복하기 위해서는 무엇보다 관용과 인내의 정신이 필요하다"고 천명했다.

이케다의 정치 슬로건이 된 이 표현이 어디서 나왔는지는 여러 가지 설이 있다. 이케다가 기록을 남기지 않아 정확히 알

수 없지만, 측근인 미야자와의 회고에 의하면, 안보투쟁 후 정국 수습을 위해서는 인내가 필요하다는 의견이 많아 '인내'라는 용어가 사용되었다고 한다. 관용이라는 표현에 대해 미야자와는 경제학자 J.S. 밀의 『경제학원리』『자유론』을 탐독한 이케다가 책 속에 나오는 '관용(tolerance)'이라는 표현을 좋아했기 때문인 것으로 추측하고 있다.

이케다는 수상 취임일에 수상관저에서 기자회견을 했는데, 다음 날 아사히신문(朝日新聞)은 '저자세低姿勢'라는 제목을 달고, "약 40분간의 회견 도중 총리는 시종 '저자세'로 답변해 기시 내각 말기의 '고자세'와는 대조적이었다"고 적었다. 이후 이케다의 정치자세는 관용과 인내라는 표현과 함께 저자세가 강하게 각인되었다.

기시 수상 시절 파벌의 연합체라고 비판을 받기도 했지만 강력한 단일정당이라는 이미지를 구축한 것도 사실이다. 그러나 이케다는 자민당의 힘을 행사해 국회에서 야당을 압박하는 고압적인 자세보다는 유화적인 태도로 야당과 타협을 지향하는 태도를 견지했다.

야당과 유화 정책

정치, 사회, 경제적으로 안정을 되찾았지만, 이케다 내각 시절에도 적지 않은 사건이 있었고, 이러한 사건들은 이케다 내각의 대응 여하에 따라 이케다의 정치 생명을 위협할 수도 있었다.

우선 세 차례나 정치적인 테러 사건이 발생했다. 내각 출범 직후인 1960년 10월에 발생한 야마구치 오토야(山口二矢)에 의한 사회당(社会党) 당수 아사누마 이네지로(浅沼稲次郎) 피살 사건, 1961년 2월 발생한 중앙공론사(中央公論社) 사장(嶋中邸) 습격 사건, 1964년 3월 미국대사관 앞에서 발생한 라이샤워 대사 피습 사건 등이다. 세 건의 테러는 극렬 우익에 의한 것이었으며, 더욱이 3건의 범행 모두 범인이 불과 10대의 어린 나이여서 일반 국민들의 충격은 더했다.

이 가운데 정치적인 이슈가 된 것은 야당 사회당의 아사누마 위원장에 대한 테러였다. 이 사건은 여야 공개토론회에서 발생했고 이케다도 그 자리에 있었다. 일본 전체가 술렁대고 내각도 큰 위기를 맞았다.

이 위기에서 이케다는 발 빠르게 대처했다. 닷새 후 소집된 임시국회 모두(冒頭)연설에서 이케다는 눈물겹게 고인을 기리고 애도했다. 추모사가 얼마나 애절했던지 사회당 의원들도 눈물을 흘리고 국민도 감격했다. 들끓던 여론도 가라앉았다. 추모사는 언론인 출신 보좌관인 이토 마사야(伊藤昌哉)의 작품이었다.

보수 중의 진보

이케다는 특히 야당과 반목하거나 충돌할 소지가 큰 법안은 아예 상정조차 하지 않았다. 하지 후미오(土師二三生)에 의하면 실제로 이케다는 자민당 내 우파세력이 강하게 추진한 법안들을 통과시키는 데 소극적이었다고 한다. 대표적인 법안으로 '건국기념일建国記念日' '국방성승격国防省昇格' '농지보상農地報償' '금치훈장연금金鵄勲章年金' '재외자산처리在外資産処理' 등을 들 수 있다. 이케다는 "이러한 문제는 당내 의견 3할, 여론 7할의 비율로 의견을 듣는 편이 좋다. 지금이야말로 내정과 외교에서 '보수 중의 진보'가 중요한 때다"라고 했다.[11]

이케다의 노선이 보수임에는 분명하다. 일본 정치에서 보수, 진보를 구분하는 잣대가 무엇인지 명확하지는 않으나, 대미 외교 노선이 중요한 요소임은 분명하다. 대미 중시, 미국 추종의 외교 노선에서 벗어나지 않았다는 점에서 보면 이케다는 확실히 보수라고 할 수 있다.

다만 보수 정당인 자민당 내에서 보면 이케다는 다소 이질적인 면을 지니고 있었다. 안정적인 경제운용 보다 강력한 성장정책, 야당에 대한 강경자세 보다는 야당과 유화 등 자민당 내 보수파와는 다소 거리를 둔 비주류였다.

이케다가 수상이 된 시점이 좌우, 보수와 진보 양 진영의 타협이 필요했다는 환경이 이케다를 진보 진영까지 끌어안는 유화책으로 나아가게 했음은 물론이다. 여기에 더해 한 때 사회주의 성향이 강했고, 진보 진영과도 연결되어 있던 다무라의 존재도 이케다 스스로 야당과 긴밀한 관계를 유지하는 데 영향을 주었다.

적과 동침

소득배증계획이 경제수상 이케다를 상징하는 슬로건이라면 '관용과 인내'는 정치가 이케다를 상징하는 슬로건이었다. 흔히 경제성장의 빛에 가려 정치인 이케다의 역정은 음지로 남아 있지만 이케다의 정치적인 역정, 외교관 등 경제 이외의 족적도 중요한 의미를 담고 있다.

이케다는 '요시다학교'의 우등생으로 순탄한 정치가의 길을 걸어온 듯 보이지만, 때로는 인내로 때로는 결단으로 정치적 위기를 돌파해 나갔다. 먼저 이케다가 수상이 된 결정적인 시기에 난 사건부터 살펴보기로 하자.

1959년 5월 참의원 선거 후 기시는 제2차 내각의 진용을 짜는 데 고심하고 있었다. 기시 수상의 고민은 당내의 복잡한 역학관계를 자신에게 유리한 쪽으로 만들 수 있는 인선 작업이었다. 당내에서는 고노 이치로(河野一郎)의 당인파党人派와 사토 에이사쿠(佐藤英作)를 중심으로 한 관료파官僚派 사이의 반목이 심각한 상황이었다.

기시는 사토의 대장성장관 유임을 내심 원했지만 당인파의 반발이 두려웠다. 만일 사토를 유임시킬 경우 악화일로에 있던 고노파와의 관계 회복은 요원했다. 기시에게 남은 카드는 자신의 반대세력인 비주류의 거물 이케다를 영입하는 것이었다. 그러나 기시에 강한 불신감을 갖고 있던 이케다를 설득하기란 쉽지 않았다.

이때 사토가 묘안을 제시한다. 이케다와 고노의 관계도 좋지 않은 것을 이용해 고노의 불만도 사지 않고 이케다를 끌어들이는 작전이었다. 즉 먼저 고노를 불러 입각을 권유하면 당연히 고노는 이를 거부할 것이다. 그 다음에 이케다를 불러 고노가 입각하지 않는다는, 아니 고노를 입각시키지 않겠다는 것을 전제로 입각을 권유하는 것이다.

결단에 내몰린 이케다는 결국 기시 정권의 연명에 절대 협력하지 않겠다는 소신을 접고 통산성장관직을 수락했다. 기시와 회담을 끝내고 시나노마치(信濃町)의 사저로 돌아온 이케다에게 거센 항의가 쏟아졌다. 이케다파의 국회의원은 물론, 부인 미츠에(満枝)마저 수락한 이유를 따져 물었다.

1958년 말 기시의 경찰력 강화 법안에 반대해 무임소장관 자리를 그만둔 지 6개월 만에 다시 입각을 수락한 것도 문제거니와 수일 전까지만 해도 기시 정권에 협력하지 않겠다고 천명한 이케다였기에 더욱 그랬다.

이케다의 비서관이었던 이토 마사야(伊藤昌哉)는 당시 이케다가 1958년 무임소장관에 입각하던 때와 마찬가지로 '별로 기쁘지 않았다'는 것이 이케다의 심경이었다고 전하고 있다. 이케다가 주위의 반대에도 불구하고 정적이었던 기시 정권에 어쩔 수 없이 협력한 이유는 무엇일까?

여러 가지 정황으로 미루어볼 때 당시 세 가지 힘이 작용해 이케다를 움직이게 한 것으로 보인다.

첫째, 다나카 카쿠에이(田中角榮)의 설득이었다. 다나카는 정국 안정이 무엇보다 필요하고, 천하를 위해 입각한다면 다음 수상은 당신이라는 식으로 설득했다고 한다.

둘째, 재계의 요청이었다. 재계는 무엇을 할 지 알 수 없는 고노를 기시 내각에서 떼어내고 이케다가 들어가기를 바랐다.

셋째, '보수의 대의'였다. 재계의 낭인으로 불리는 야츠기 이치오(矢次一夫)는 도요토미 히데요시(豊臣秀吉) 밑에서 참고 기다린 끝에 천하를 쟁취한 도쿠가와 이에야스(德川家康)에 비유해 지금은 싸울 때가 아니라고 이케다에게 충고했다. 보수 합동에 의해 천하통일로 흘러가고 있는 역사의 흐름에 몸을 싣는 것이 대의라는 것이다.

차기 정권에 대한 희망, 재계의 의지, 보수의 대의 이 세 가지가 중요한 이유였던 것이다. 그러나 단순히 정치적인 계산만으로 이케다가 장관직을 수락한 것은 아니었다. 입각 직후 인사차 들린 요미우리신문(読売新聞) 기자에게 이케다는 "지금부터 하고 싶은 일이 많다"며 의욕적인 표정을 보였다고 한다.

설득도 있었고 대의도 있었지만 정치보다 행정을 선호한 이케다, 당내 정치적 갈등을 싫어하는 이케다로서는 당내 화합과 함께 자신의 입지를 강화하는 측면도 있었다.

이미 이 무렵 이케다는 차기 정권을 내심 노리고 있었고, 통산성장관직은 차기 집권을 위한 준비를 위해서도 좋은 자리였다. 명분과 실리를 얻을 수 있다면 파벌간 갈등 정도는 뛰어넘을 수 있다는 것이 이케다의 정치 신념이기도 했다.

이케다는 통산성장관이 되었지만, 고노 이치로(河野一郎)는 이 일을 계기로 완전히 재야에 묻힌다. 이케다 또한 정조가 없는 인물로 비난을 받지만 이케다는 이를 무시하듯 통산 행정에 몰두했다고 한다.

기시의 지도력 결여로 정국이 불안정해지면서 폭락한 주식시장의 주가는 이케다가 통산성장관으로 부임한 다음날 폭등세로 돌아섰다. 이 날의 장세를 애널리스트들은 '이케다 주가(池田相場)'라 불렀다.

일본정치와 파벌

여기서 잠시 일본 자민당의 파벌이 역사적으로 어떻게 전개되어 왔는지 간략히 살펴보자.

전후 일본정치에서 '파벌'은 요시다 내각의 말기에 전쟁 전의 정치가가 공직 추방에서 해제되었을 때 시작되었다. 하토야마 이치로(鳩山一郎), 미키 부키치(三木武吉)가 추방 해제로 복귀해 요시다에 대항하는 형태로 당인파党人派를 형성했다. 그것이 기시 내각에 이르자 모금력이 있는 거물 정치가를 중심으로 하는 몇 개의 집단(파벌)이 형성된다.

제3차 하토야마 내각이 사임하고 이시바시 내각이 만들어졌을 때 오노파(大野派), 고노파(河野派) 등의 파벌이 활발하게 움직였다는 이야기는 유명하다. 그 결과로 기시 노부스케(岸信介), 이시바시 탄잔(石橋湛山), 이시이 코지로(石井光次郎) 세 사람이 총재에 입후보한 다음, 2위인 이시바시와 3위인 이시이가 연합해 1위인 기시를 7표 차로 누르고 이시바시 정권이 성립했다.

그러나 이시바시는 곧 병으로 쓰러지고 만다. 이것을 계기로 파벌 대립이 계속되는데, 그 당시까지는 우두머리 개인의 매력이나 후견으로 파벌이 형성되어 있었다.

그런데 이케다 이후부터는 파벌이 우두머리 개인을 넘어 조직 자체로 존속, 계승된다. 특히 이케다파(코치카이)는 이케다가 세상을 떠나자 바로 마에오 시게사부로(前尾繁三郎)가 그 뒤를 잇고, 마에오가 그만 둔 다음에는 오히라 마사요시(大平正芳)가, 오히라가 세상을 떠나자 스즈키 젠코(鈴木善幸), 그리고 미야자와 키이치(宮沢喜一)로 이어진다. 파벌이 우두머리 개인을 떠나 조직으로서 계승되어 간 것이다.

여기에 대해 오노파, 고노파, 기시파 등은 우두머리 사망 때마다 분열과 재편을 거듭했다. 이윽고 사토 에이사쿠가 만든 거대한 파벌(佐藤派)도 그의 은퇴 후에는 후쿠다파(福田派)와 다나카파(田中派)로 분리되어 거대 파벌로 재탄생한다. 고노파를 이은 나카소네파(中曾根派)도 거대 파벌 조직으로서 성립했다. 1980년대에는 이러한 4개의 거대 파벌에 미키 다케오(三木

趔夫) 중심의 소규모 파벌을 포함한 이른바 '4개 사단, 1개 연대'라 불리는 자민당 파벌 지도가 형성된다.

정치자금 모금 틀을 갖춘 '코치카이'

왜 고노파나 오노파와 달리 이케다파가 조직으로서 오랜 기간 독자 생존할 수 있었는가? 이는 이케다가 재계와 밀접한 관계를 통해 정치자금이 들어오는 틀을 만들었기 때문이다. 이 역시 이케다의 정치적인 감각과 선견성이라 해야 옳다. 코치카이를 통해 안정된 자금 통로를 확보함으로써 이케다가 죽은 다음에도 그 뒤를 잇는 사람은 그와 마찬가지로 재계에서 자금을 끌어들일 수 있는 것이다.

또 한 가지 중요한 사실은 이케다는 돈에 관한 한 철저하게 관리했다는 것이다. 대장성 시절부터 재정 분야에서 세금을 관리해 온 그의 경력이 정치 세계에서도 그대로 반영된 것이다. 그런 이케다가 정치자금의 모든 관리를 다무라에게 맡겼다. 그만큼 다무라를 신뢰했다.

이케다의 믿음대로 다무라는 정치자금에 손 한번 댄 적이 없다. 항간에는 다무라가 자금을 착복한다는 소문도 돌았지만 전혀 근거가 없는 이야기로 판명 났다. 그가 사망한 후 부인에게 남긴 유산은 낡은 고서古書뿐이었기 때문이다. 다무라의 생활은 검소하기 그지없었다. 대학에서 경제학이나 무역론 시간 강사로 받는 월급이 수입의 전부였다. 헌책방을 도는 것이

다무라의 유일한 취미였다. 낮에는 코치카이 사무실에 나가고 퇴근 후 집에 와서는 책을 읽는 것이 그의 일과였다. 이러한 다무라의 존재도 코치카이를 통한 정치자금 모금 구조를 정착시키는 데 중요한 요소였다.

사토 에이사쿠와 갈등

당인파의 고노, 주류의 기시 등과 갈등이 일단락되자 이번에는 사토 에이사쿠와 갈등을 빚게 된다. 사토와 이케다는 고등학교 동기생, 대장성 관료 출신, 요시다학교 출신 등 같은 길을 걸어왔다.

이러한 공통점 외에도 두 사람은 메이지유신(明治維新) 공신들의 고장, 쵸슈번(長州藩) 출신이었다. 사토는 야마구치현(山口県), 이케다는 히로시마현(広島県)이 고향이다. 특히 사토는 기시 노부스케(岸信介)의 동생이다. 기시가 반요시다의 기치를 내걸었으니 정치적으로는 형제간에도 각기 다른 노선을 걸어온 것이다. 사토와 이케다의 관계도 마찬가지였다. 요시다 은퇴 후 요시다의 그늘에서 벗어난 두 사람은 자민당 내에서 독자적인 파벌을 거느려왔다.

둘 사이의 갈등이 표면화되기 시작한 것은 경제운용과 관련된 시각 차이 때문이었다. 1959년 6월 통산성장관으로 입각한 이케다는 "일부에서 현재의 경기확장 속도가 너무 빠르다는 '과열론'을 주장하지만 경제 성장은 빠르면 빠를수록 좋다"

고 했다. 반면 대장성장관으로 유임된 사토는 "경제정책은 착실하게 한 걸음씩 안정 성장을 이루도록 하는 것이 가장 중요하다"고 밝혔다.

한 마디로 성장론자인 이케다와 안정론자인 사토의 경제관이 극명하게 나타난 대목이다. 보수 안정을 추구하는 것이 관료의 특성이라고 본다면 이케다는 보수안정론에서 벗어난 인물이라고 할 수 있다. 또한 대장성과 통산성의 정부 내 역학관계를 보더라도 대장성이 각 성청의 예산까지 쥐고 있었기 때문에 대장성의 힘을 당해낼 성청은 없었다.

문제는 재계와 여론의 힘이었다. 사토도 점차 이케다의 성장론이 일반국민의 마음을 사로잡아가고 있다는 것을 알게 되었다. 그럼에도 사토는 안정론을 굽히지 않았고, 누구의 눈에도 두 사람의 경제관이 다르다는 사실이 드러났다.

수상을 꿈꾸는 사토와의 정면 대결은 피할 길이 없었고, 둘 사이의 정면 대결은 1964년 제3차 이케다 내각 출범 전 자민당 총재 경선에서 이루어졌다. 사토는 총재 경선 출마를 결심하고 이케다에게 정권을 양보하도록 요구했고, 이케다가 이를 거부함으로써 표 대결로 들어갔다. 결과는 이케다 242표, 사토 160표, 후지야마(藤山一郎) 72표 등으로 과반수(240)를 넘긴 이케다가 결선투표 없이 사토를 누르고 총재에 당선되었다. 이케다가 곧 병으로 정계를 물러나면서 이후 두 사람이 다시 대결하는 일은 없었다.

관료 주도 체제 강화

이케다가 정치가로서 남긴 중요한 영향 가운데 하나로서
政정·官관·財재의 유착, 특히 관료 주도 체제의 강화다.

2차 대전 후 15년간 요시다 내각, 하토야마 내각, 기시 내
각 정도까지는 정치의 힘이 강했고, 맥아더가 이식한 민주주
의 사상과 틀이 어느 정도 유지되고 있었다.

그런데 이케다가 수상이 되고 '소득배증계획'이라는 관료
주도의 경제정책이 추진됨에 따라 각 관청은 규격 규제나 공
공사업 허가권 등의 강력한 권한을 손에 넣었다. 또한 정부의
보조금이 없으면 지방 공공단체는 사업을 할 수 없는 재정구
조가 형성되었다.

각종 업계 단체에서는 과당 경쟁을 피한다는 명목으로 은
연중에 담합 체질도 생겼다. 예를 들면 철강 각사가 용광로를
몇 개 만들지 각사의 할당량을 정한 다음 통산성의 동의를 구
해야만 했다. 그러면 통산성이 행정지도를 통해 각사의 할당
량을 조정했다. 행정지도가 법적인 구속력을 갖는 것은 아니
지만 기업이 행정지도에 반발할 경우 관료는 인허가권을 동원
해 해당기업에 보복할 가능성이 있다.

또 한편에서는 관료에 영향을 미치는 자민당이 존재한다.
자민당은 내각의 장관을 장악하므로 결국 관료의 인사권을 쥐
고 있다. 재계는 관료에 직접 뇌물을 주는 위험한 수단 보다는
관료에 영향력을 지닌 자민당 정치가에 후원회를 창구로 정치

자금을 제공해 그 대가로 특혜를 받았다. 이러한 정치가 유형 가운데 하나가 족의원族議員이었다. 예를 들면 다나카 가쿠에 이(田中角栄)는 국회 건설위원회에서 주로 활동한 족의원이라 해서 '건설족建設族'으로 분류되었다.

이렇게 형성된 구조를 '정관재 트라이앵글'이라 불렀다. 이케다가 이러한 유착구조를 의도한 것은 아니겠지만, 부패할 소지가 다분하고 경쟁을 저해하는 측면도 강했던 것은 사실이다. 정관재 삼각동맹체제는 1980년대 이후 일본 정부가 규제완화, 구조개혁을 추진하는 과정에서 점차 허물어졌지만, 정부주도 성장정책이 낳은 부작용 가운데 하나임에는 분명하다.

조용한 외교

요시다 내각은 샌프란시스코 강화조약, 하토야마 내각은 소련과 맺은 조약, 기시 내각은 미일안보조약의 개정으로 제각기 중대한 외교문제를 다루었다.

이케다 내각의 뒤를 이은 사토 에이사쿠 총리는 오가사와라(小笠原)와 오키나와(沖縄)의 반환, 그 다음의 다나카 가쿠에이(田中角栄) 수상도 중국과 국교 수립 등 외교적인 활약을 했다. 그러나 이케다 총리는 외교적으로 이렇다 할 성과가 없는 것이 사실이다.

기시 내각이 미일안보조약을 개정할 때에는 폐지한 다음에 서방 진영에 남을 것인가, 중립국이 될 것인가, 아니면 소련

쪽에 접근할 것인가에 관한 상당한 논의가 전개되었다. 결국은 개정으로 방향을 잡았고 그 때문에 안보투쟁이 점화되어 기시 내각은 쓰러지고 말았다.

이에 비해 이케다 내각은 일본은 미일안보체제 속에서 조용히 지내는 편이 좋으며, 그 외에는 특별히 조치할 필요가 없다는 것이 기본 사고였다.

대미 추종과 실리 중시

경제적인 성과가 부각되다 보니 이케다 내각의 외교적 성과는 상대적으로 가려져 왔다. 이케다의 외교 노선은 크게 세 가지로 나누어 볼 수 있다. 첫째, 안보를 중시하는 대미외교 중시 노선이다. 둘째, 경제적 실리를 염두에 둔 무역 중시 노선이다. 셋째, 동남아시아 등 아시아 중시 노선이다.

이케다가 수상이 되었을 당시는 아직 안보투쟁 직후여서 미국에 대한 일본인의 감정은 몹시 복잡했다. 종전 직후는 맥아더가 이식한 미국상이 일본에 침투되어 '미국은 좋은 나라, 강한 나라'라는 이미지가 있었다.

그런데 샌프란시스코 조약을 체결하고부터 미국에 대한 일본인의 콤플렉스가 매우 강해졌다. 프로레슬러 역도산力道山이 미국 프로 레슬러들을 때려눕히는 것을 보고 일본인들은 매우 강렬한 쾌감을 맛볼 정도였다. 그 순간만은 미국에 대한 우월감을 느낄 수 있었기 때문이다. 아마도 후루하시 히로노

신(古橋広之進, 1949년 전미선수권에서 세계신기록 수립)의 수영이나 시라이 요시오(白井義男, 1952년 일본 최초의 세계 플라이급 챔피온)의 복싱도 마찬가지였을 것이다.

그러나 안보투쟁이 벌어지던 시절에 이르자 미국에 대한 정치적인 혐오감과 물질적인 동경이라는 모순된 감정이 드러나기 시작했다. 안보투쟁 때는 '미국은 정의의 나라가 아니다. 오히려 일본을 이용하는 전쟁 세력이다'라는 의견이 떠올랐고, 매스컴도 그런 선에서 선전 활동을 펼쳤다.

그러한 상황에서 정권을 이어받은 이케다 수상은 미국이 정의인지 아닌지 따지지 않고 경제적으로 풍요로운 국가인 점을 강조했다. 이 시기에 유행한 말 가운데 하나가 '아메리칸 라이프'인데, 교외에 주택을 짓고 전기 제품을 갖추고 자동차를 타고 다니며 스포츠를 즐기는, 밝고 풍요로운 미국식 생활에 대한 동경이었다.

이케다의 외교관은 이런 미국의 물질적인 풍요를 평가하고, 그 나라와 관계를 맺음으로써 일본도 풍족해진다는 것이었다. 그러기 위해서는 미일안보체제가 필요하다는 논리였다. 풍요로운 미국을 가까이 하지 않으면 미국에서 기술이나 자본을 도입할 수 없고 미국으로 수출도 할 수 없다고 보았다. 경제 성장을 위해서는 미국의 안보우산이 필요하다고 보고 오히려 미일 안보를 수단으로 만들어 버렸다.

그 때문에 미국의 물질적인 풍요로움을 필요 이상으로 강조해 선전하고 아메리칸 라이프가 실질 이상으로 미화되기도 했다. 경제적인 풍요로움을 전면에 내세우고 그 다음에 정치에 대해 언급하는 논리적인 구성으로 대미 추종을 정당화한 것이다. 이케다는 미일 안보 역시 경제성장의 필요조건 중 하나로 인식했던 것이다.

'트랜지스터 수상'

무역 자유화를 추진하면서도 경제적 실리를 염두에 둔 무역 중시 정책은 국내경제 성장 정책과도 궤를 같이 하는 것이다. 경제적 실리를 중시하는 이케다의 외교 노선은 몇 가지 일화에서 여실히 드러난다.

수상이 되기 직전인 1959년 바티스타 독재정권을 타도하고 정권을 잡은 쿠바의 카스트로 대통령의 특사자격으로 방일한 체 게바라를 만났을 때의 일이다. 게바라가 이케다에게 일본이 쿠바의 사탕을 더 많이 수입해 달라는 요청을 받고 다음과 같이 답했다. "현재 양국무역은 일본이 수입초과 상태다. 쿠바야말로 일본 상품을 더 많이 사주어야 한다." 후진국 쿠바에조차 경제적인 실리를 우선시하는 외교를 펼쳤던 것이다.

이케다는 1963년 유럽을 방문해서는 일본 상품의 유럽 진출을 염두에 두고 경제외교를 펼친 바 있다. 이 때 프랑스의 드골 대통령은 이케다를 "트랜지스터라디오의 세일즈맨"과 같은 인물로 평했다고 한다.

무역 자유화 적극 추진

이케다는 무역과 금융 자유화를 적극 추진해 개방체제로 이행함으로써 일본이 국제사회에서 선진국의 일원이 되는 토대를 마련했다.

1960년을 전후한 시기의 일본경제는 무역 자유화라는 거대한 세계경제조류에 대응해야 하는 과제에 직면해 있었다. 국제무역론 전공의 규슈대학(九州大学) 요시무라 마사하루(吉村正晴) 교수는 미국이 자유무역을 강력히 추진하기 시작한 시점을 1958년으로 보고 있다.

일본도 미국의 강력한 요구에 의해 개방체제로 이행을 위한 준비 작업에 들어간다. 요시무라 교수를 비롯한 다수의 경제전문가들은 자유화로 얻는 이득은 적다고 보는 소극적이고 신중한 입장이었다.

그러나 이케다의 생각은 달랐다. 무역 자유화는 비효율 산업에서 고효율 산업으로 자원배분을 촉진시켜 일본경제의 생산능력을 오히려 증강시킬 수 있다고 본 것이다. 즉 자유화는 경제성장과 유리된 개념이 아니라 오히려 경제성장의 기초를 튼튼히 해주는 조건으로 파악했다.

이케다의 자유화 정책은 주식시장의 불안, 외국자본의 적대적 인수합병(M&A) 우려 등 부작용도 낳았지만, 결과적으로 일본기업의 국제경쟁력을 강화함으로써 선진국 경제로 진입하는 기반을 구축한 것으로 평가할 수 있다.

선진국 진입의 토대 마련

이케다 수상의 임기 마지막 해인 1964년에는 일본이 국제 사회의 일원이 되는 세 가지 사건이 있었다. 첫째, 4월의 경제협력개발기구(OECD) 가입, 둘째, 국제통화기금(IMF) 8조국[12] 이행 및 IMF 총회 개최(9월), 셋째, 10월의 동경올림픽 개최였다.

특히 IMF 총회를 동경에서 개최하고, 개회 연설을 행한 이케다는 남다른 감회에 빠졌을 것이다. 2차 대전 패전 직후 GHQ에 의해 청사에서 쫓겨나기도 하고, 대장성장관이 되어서는 GHQ의 지시에 따를 수밖에 없었던 시절을 회상했을 것이다.

어쨌든 자유화 정책이 당시 국제경제 환경의 특성상 일본에 수출 증진의 활로를 열어 주는 긍정적인 요소로 작용했음은 분명하다. 특히 미국의 자유무역정책과 미국 달러화에 비해 저평가된 엔화 환율은 자유로운 무역환경 아래서도 일본 기업이 강한 수출경쟁력을 유지하는 데 큰 도움이 되었다.

자민당 황금시대를 열다

이케다의 정치적 스승인 요시다 조차 이케다 내각이 그렇게 오랫동안 지속될 줄은 몰랐다고 한다. 1960년 7월의 자민당 총재 선거에서 사토 에이사쿠가 이케다 지지를 선언한 것은

"이런 시대에는 정직한 사람이 맡는 것이 좋다"는 요시다의 말 때문이었다고 한다. 정직한 사람이란 이케다를 두고 한 말이었다. 이 말을 뒤집어보면 이케다 정권은 과도기 성격이 강하므로 단명하고, 곧 사토의 시대가 올 것을 전제한 표현으로 해석할 수도 있다.

그러나 요시다의 예상과는 달리 이케다가 병으로 쓰러질 때까지 이케다 정권은 4년여 동안 계속되었다. 또한 정치적인 면에서도 '55년 체제'로 성립된 보수합동의 흐름을 확고히 하는 성과를 자민당에 안겨주었다.

이케다 집권기에 두 차례 선거를 치렀는데 자민당의 득표율은 두 번 모두 50%를 상회했다. 특히 이케다 내각 직후인 29회 총선에서는 300명이 당선되어 의석 점유율이 64%를 상회했다. 이케다 이후 자민당 정권은 득표율에서 50%, 의석점유율에서 60%를 넘은 적이 없다. 장기적인 지지율 저하 추세에 접어든 것이다.

사회적으로도 안정도의 지표 가운데 하나인 노동쟁의 건수가 줄어들었다. 고이케 카즈오(小池和男) 나고야대학(名古屋大學) 교수에 의하면 이케다 내각 시절 노동손실일수는 전후 최저 수준까지 내려갔다고 한다.

이 같은 정치사회의 안정은 경제성과에 힘입은 것임은 물론이다. 예컨대 1960년 12조 9000억 엔이던 실질국민총생산은 1964년 21조 7000억 엔으로 증가했다. 또한 실업률은 완전고용 상태에 근접할 정도였다. 경제적 성과가 국제사회에서의 일본의 위상과 외교능력, 정치사회 안정으로 연결된다는 이케다의 지론이 자민당의 황금시대를 열어간 것이다.

인간 이케다의 지도력

'가난뱅이는 보리밥을 먹어라'의 진의

이케다 하야토는 어떤 사상을 지닌 소유자였고 인간적인 면모는 어떠했을까? 우선 '이케다 어록'이라 불리는 기이한 발언들이 많다. 그 중에 이런 말이 있다. "가난뱅이는 보리밥을 먹어라."

이것은 이케다가 제3차 요시다 내각에서 대장성장관을 지내던 1950년 12월 7일 참의원 예산위원회에서 발언한 내용이다. 쌀 가격 인상 문제를 두고 노농당労農党의 한 의원이 한 질문에 답변하던 중에 나온 말이다.

사실은 "옛날의 습관으로 돌아가서 (중략) 소득이 적은 사람은 보리밥을 먹고, 소득이 많은 사람은 쌀밥을 먹는 경제의 원칙에 따르는 정책을 펼치고 싶다"는 말을 매스컴에서 거두절미하고 '가난뱅이'와 '보리밥' 두 단어만 제목으로 갖다 붙인 것이다. 이로 인해 이케다에게는 '보리밥 대신大臣'이라는 별명이 붙었다.

"5-10명의 업자가 도산해서 자살한다 해도 어쩔 수 없다." 이 말은 보리밥 발언을 하기 전인 1950년 3월 1일의 국회 기자회견 중 나온 말이다. 중소기업의 경영난에 대한 대책을 묻는 기자들의 질문에 이렇게 대답한 것으로 매스컴에 보도된 것이다. 이 말이 대서특필되면서 이케다에게 비난이 쏟아졌다. 급기야 국회에서 이케다 장관 불신임안이 상정되기에 이르렀다. 부결되기는 했지만 불황에 허덕이던 국민들에게 좋지 않은 이미지를 남기게 되었다.

그러나 의사록의 정확한 기록을 살펴보면 중소기업의 도산 위기에 대한 질문을 받고, "보통의 원칙에 벗어난 상행위를 하다가 5-10명이 파산한다 해도 어쩔 수 없는 일이다"라는 완곡한 표현에 지나지 않았다. '자살'이라는 표현은 나오지 않는다. 이케다는 매스컴이 재미삼아 발언 내용을 마음대로 바꾸어도 화를 내지 않았다. 이것이 매스컴에서도 인기를 끈 이유다. 닷지 라인의 긴축재정으로 전후의 재정 팽창을 억제하기 위해서는 중소기업이 5-10개 쓰러진다 해도, 가난한 사람이 보리밥을 먹는다 해도 어쩔 수 없다고 주장한 것이다.

그런데 사실 이케다야 말로 평생토록 보리밥을 먹었다. 카

레라이스도 평소 이케다가 즐겨 먹던 음식이었다. 나중에 이 사실을 안 국민들은 보리밥 발언의 진의에 대해 이해하게 되었고, '보리밥 대신'이라는 별칭은 별칭이 아니라 사실이 되어 버린 것이다.

소신을 굽히지 않은 이케다

두 차례의 구설수가 잊힐 무렵인 1952년 또 이케다의 발언이 정치문제로 떠오르는 사건이 발생한다. 11월 사회당의 가토 간쥬(加藤勘十)가 통산성장관 이케다에게 2년 전의 '중소기업 발언'에 대해 지금도 그렇게 생각하느냐는 질문에 이케다는 다음과 같이 답했다.

"제 심경은 인플레이션 경제에서 안정경제로 가는 시점에서, 경제원칙에 반하는 행위로 도산을 하고 그로 인해 자살하는 것은, 안된 일이긴 하지만 어쩔 수 없다는 것이며, 이 점은 지금도 분명합니다."

가볍게 넘기면 될 것을 우직하게도 전혀 잘못이 없다는 투로 발언한 것이다. 다시 불신임안이 상정되었고 이번에는 7표 차로 가결되어 버렸다. 이케다는 위기에 몰려서도 소신을 굽히지 않는 우직한 성격의 소유자였다.

전쟁 전의 일이지만 이케다가 관료 생활을 도중하차해야 하는 위기에 빠지기도 했다. 1942년 봄의 일이다. 이케다는 주세국主税局의 경리과장經理課長에서 국세과장國稅課長으로 자리를 옮겼다. 대부분의 기자들은 힘없는 3등 관료 이케다에게 접근조차 하지 않았으나 마츠모토 유키히사(松本幸輝久)만은 책상에서 이케다와 잡담을 즐기곤 했다. 당시 관동지방에 풍수해가 심해 정부는 피해가 심한 지역에 세금 면제를 추진 중이었다.

대장성 출입 기자들은 면세 지역과 금액을 알기 위해 혈안이었다. 마츠모토는 우연히 피해지역 조사를 마치고 돌아오는 이케다에게 추정되는 금액을 손가락으로 표시해 물어보았다. 그러자 이케다는 그 정도라는 뜻으로 고개를 끄덕였다고 한다. 마츠모토는 특종을 문 기쁨에 바로 기사화해 버렸다. 그런데 그 불똥이 이케다에게 떨어진다. 당시 수상인 도죠 히데키(東条英機)의 노여움을 사고 만 것이다. "누설한 놈의 목을 쳐라"는 불호령이 떨어졌다.

마츠모토는 미안한 마음에 이케다의 상사에게 이케다를 변명하는데, 이케다의 태도가 가관이었다고 한다. "지금 그만두어도 관계없다. 잘리면 고향으로 돌아가 술이나 만들면서 놀면 되지." 마츠모토는 이케다의 의외로 대담한 모습을 보고 놀랐다고 한다.

"히로시마의 레몬은 맛이 없습니다."

자민당 내 이케다의 경쟁자 가운데 한 사람이었던 오노 반보쿠(大野伴睦)는 관료 출신의 정치가를 싫어하기로 유명했다.

사토 에이사쿠는 오노가 싫어하는 대표적인 인물이었다. 그런 오노도 이케다에 대해서는 예외였다. "이케다 군은 관료 출신임에도 소심하지 않다. 세상을 아는 친구라 큰 인물이 될 것"이라고 절찬한 바 있다.

1949년 이케다가 요시다 내각의 대장성장관 시절, 예산 편성이 끝나면 이케다는 주계국主計局의 직원 한 사람 한 사람과 잔을 주고받았다고 한다. 주량이 엄청난 이케다였고 소탈한 성격의 소유자여서 분위기는 늘 좋았다고 한다.

국회에서 한 답변도 재미있는 일화가 많다. 대장성장관 시절에 무역 자유론자인 이케다에게 한 야당의원이 물었다. "이케다 당신은 농산물 수입 자유화에 대해 항상 전향적인 발언을 하는데, 자유화로 당신 고향인 히로시마의 레몬도 망하게 될 겁니다. 그래도 자유화인가요?"

이 질문에 대해 이케다는 한 마디로 답했다. "히로시마의 레몬은 맛이 없습니다." 그 순간 질문한 야당의원도, 듣고 있던 여당의원, 각료들도 이케다의 발언에 기가 막혀 할 말을 잃었고 일순 정적이 흘렀다고 한다. 자기 고향의 농산물을 맛없다고 했으니 다음 선거에서 표가 떨어질 것은 자명한 일이 아닌가? 그러나 이케다는 신경 쓰지도 않는다는 듯 답변을 마치고는 담담한 표정으로 자기 자리로 내려가 버렸다.

이런 말들을 예사로 하는 것이 이케다였다. 애매한 말투로 요리조리 피해가는 일반적인 정치가들과는 궤를 달리 했다. 이런 점들이 오히려 주위 사람들로 하여금 정치가 이케다를 다시 보게끔 했다. 이케다는 인기에 영합하는 정치가가 아니라 소신 있는 정치가라는 인상을 심어주기에 충분했다.

"이케다는 거짓말을 하지 않습니다."

이케다는 또 바보처럼 정직한 인간으로도 통했다. 요시다가 말했듯이 정직한 인간(正直者)이지만 앞에 '바보'가 붙은 것은 그대로 말해버리는 성격 탓이었다. 국회에서 답변을 하는 도중에 어떤 기자가 웃는 것을 본 이케다가 답변을 마친 뒤 기자에게 달려가 버럭 화를 낸 적도 있다. 이케다 자신은 진지하게 이야기하고 있는데 왜 웃느냐는 것이다. 고향의 명산품을 엉터리라고 하는 데서 보듯 이케다는 있는 그대로 말하는 스타일이었고 기자를 무서워하지도 않았다.

"이케다는 거짓말을 안 합니다." 이 말은 연설에서 이케다 스스로 가끔씩 한 말이다. 자민당의 TV 선전에서 사용되어 일약 유행어가 되기도 했다. 보좌관인 이토 마사야(伊藤昌哉)는 거짓말을 하지 않겠다고 결심하게 된 것이 혹 과거 난치병을 치유코자 88개소의 후다쇼 순례를 한 것과 관련이 있느냐고 물은 적이 있다. 이에 이케다는 빙그레 웃으며 "내가 만약 병이 낫게 된다면 세상에 거짓말을 하지 않겠다고 신불(神佛)에 약속한 적이 있다"고 대답했다고 한다. 즉 거짓말을 하지 않겠다는 것은 정치적인 발언 이전에 이케다의 인생 신조 가운데 하나였다고 봐야 할 것이다.

한 예로 수상이 된 후 골프를 치지 않고 요정에 드나들지 않겠다고 약속했고 이를 지켰다. 이것은 오히라 마사요시(大平正芳)의 충고 때문이었다는 이야기도 있으나, 사실은 다무라가 강하게 주장했기 때문이라고 한다. 이케다의 주변에서 오랫동안 취재를 한 하지 후미오(土師二三生)에 의하면 원래 다무라는 주중에 골프를 치지 말라고 주장했는데, 이케다가 아예 골프를 치지 않겠다고 했다는 것이다.

경위야 어떻든 이케다는 국민과 한 약속대로 골프장과 요정에 일체 드나들지 않았고 '거짓말을 하지 않는 이케다'라는 믿음도 강해졌다.

주위의 말을 경청하는, 숫자에 강한 이케다

이케다는 참모들의 말을 경청하는 유형의 지도자였다. 동시에 재정전문가답게 경제정책의 근거로 수치를 중요시했다.

'토요회土曜会'의 회원이었던 히가시 쥰(東淳)은 다무라를 통해 이케다에게 불려간 적이 있다. 국민소득 개념이 도대체 무엇이냐는 질문을 받고, 국민소득에는 생산, 분배, 지출의 세 측면이 있고 각각의 금액은 일치한다는 교과서식의 대답을 했다고 한다. 그러자 이케다는 주판을 꺼내 들고 국민소득통계상의 수치를 일일이 계산하기 시작하더라는 것이다. 한참을 계산하더니 실제로도 똑같은 것을 확인하고는 '정말이다'라며 재미있어 했다고 한다.

대장성장관 시절 이케다는 승용차 안에서도 틈만 나면 주머니에서 재정통계를 꺼내 한참을 들여다보곤 했다고 당시 비서였던 도사카 쥬지로(登坂重次郎)는 전하고 있다. 관료 시절에는 세제, 대장성장관 시절에는 재정, 수상이 되어서는 경제 전반에 대한 전문가로 그 영역이 확장되어 가는 과정에서 이케다의 수치에 대한 감각도 확장되어 갔다.

수상이 되고 나서 이케다가 히가시 쥰(東淳), 도미다 쥰지로(冨田純次郎) 등 토요회 회원들을 사택으로 불렀을 때의 일이다. 당시 물가 상승으로 고도성장정책에 대한 비판이 나오고 있었다. 이케다는 물가 상승 우려를 어떻게 반박할 것인지를 자문받기 위해 이들을 부른 것이다. 이들은 국민소득, 취업구조, 서비스산업 통계 등 여러 수치를 열거하면서 밤늦도록 이케다에게 설명했다. 설명을 경청한 이케다는 다음 날 연설에서 여러 수치들을 자기 나름대로 해석하면서 이들이 설명한 단어들을 동원해 비관론을 논박했다. 수치에 강한 이케다의 진면목이 드러난 대목이다. 연설 내용을 듣던 토요회 회원들은 이케다가 자신들의 설명을 충분히 이해함은 물론 알기 쉽게 설명하는 데 놀라움을 금치 못했다.

국민들을 상대로 자신의 경제정책을 설명할 때에는 어려운 이론이나 복잡한 수치보다 쉬운 말로 이해시키는 재주를 지녔던 것이다. 예를 들면 사회당의 경제정책과 비교해 자신의 정책과 어떻게 다른지 이렇게 설명했다.

"여러분 내 정책은 사회당과 다릅니다. 3개의 계란이 있다

고 합시다. 이케다는 3개의 계란을 네 사람에게 나누는 것이
아니라 3개를 6개로 만들어 3개는 나누고 나머지 3개는 저축
합니다. 이것이 이케다의 경제입니다."

신문기자에게도 인기를 끈 이케다

이케다는 신문기자들에게도 인기를 끌었다. 이케다와 비교
대상이 되는 사람은 사토 에이사쿠(佐藤栄作)다. 신문기자들
사이에 사토는 지극히 정치적인 발언만 했기 때문에 인기가
없었다. 애매한 발언이어서 사실관계 확인도 어려웠고 기사화
해도 독자들의 흥미를 끌기란 어려웠다. 그래서 나온 말이
"아와지마(淡島)에 특종 없다"다. 아와지마는 사토가 살던 동
경 세타가야(世田谷)의 동네 이름이다.

신문기자들이 사토를 경원시한 것처럼 사토도 신문기자들
을 좋아하지 않았던 모양이다. 사토의 퇴임식은 기자회견 형식
이 아니라 TV 방송을 통해서 했을 정도다. 당시 기자들이 퇴
임 연설을 보려고 TV 방송국으로 몰려갔는데 사토는 기자들
을 발견하고 기자들은 나가라고 소리 질렀다고 한다. 신문기자
에 대한 불신의 골이 어느 정도 깊었는지를 짐작하게 해준다.

반면 이케다는 기자들과 술을 같이 하거나, 집으로 불러 식
사를 같이 하면서 자신의 경제정책을 설명하기도 했다. 격의
도 별로 없었다. 이케다를 오랫동안 보좌해 온 이토 마사야(伊
藤昌哉)는 당시 이케다 집을 드나들던 아사히신문(朝日新聞)의

기자였다. 이케다에 매료되어 신문기자를 그만두고 정치에 입문한 경우다.

인재가 모이다

이케다에게는 유능한 브레인들이 재산이었다. 그의 곁에는 정치 분야에 마에오, 오히라, 미야자와 등이 있었고, 경제 분야에는 다무라, 시모무라, 이케모토 등이 있었다. 특히 이케다의 경제철학에 큰 영향을 준 다무라와 시모무라는 병이나 포로 생활 같은 어려움을 겪었다는 점에서 이케다와 묘한 인연이 있다.

그리고 이들은 경제적인 실리나, 권력을 좇지 않은 보기 드문 브레인이었다. 그러면서도 이케다가 죽을 때까지 이케다를 도운 인물들이다.

이케다는 자신의 경험에서 총리는 세 사람의 친구가 꼭 필요하다는 말을 했다. 총리를 둘러싼 많은 정치인과 관료 외에 결정적일 때 도와줄 마음을 나누는 친구가 있어야 한다는 것이다. 한 사람은 높은 경지의 종교인, 한 사람은 견식 있는 언론인, 마지막 한 사람은 고명한 의사를 꼽았다.

우선 고명한 종교인을 통해 일상의 번잡함에서 한 걸음 물러나 세상을 관조하고 사심 없이 일을 처리할 수 있는 마음을 얻었다 한다. 다음은 견식 있는 언론인을 통해 관청 보고와는 다른 광범한 여론을 듣고 기민하게 대응했다. 마지막으로 좋은 의사를 통해 건강 상태를 유지한다는 것이다.

그러나 그런 이케다도 마지막으로 찾아온 병마를 이겨내지는 못했다.

이케다의 죽음

이케다의 후두암이 발견된 것은 친구 다무라가 죽은 지 1년째 되던 1964년 8월의 일이다.

1963년 말부터 연설할 때 목이 아프다는 말을 했으나 원래 목소리가 카랑카랑한 이케다였기에 본인도, 주위에서도 크게 신경 쓰지 않았다. 그런 채로 반년이 흘러 후두암 진단을 받게 되었다. 암은 이미 상당히 진행된 상태로 즉시 입원, 치료해도 나을 가능성이 희박한 상태였다.

그러나 9월 7일로 예정된 IMF 총회에서 할 개회사를 그만 둘 수 없었다. 이케다는 총회 이틀 후 병원에 입원해 방사선치료를 받는다. 치료 경과는 그렇게 나쁘지 않은 듯 보였지만 주치의의 강력한 권고와 국정에 영향을 미쳐서는 안 된다고 판단해 그는 퇴진하기로 결심한다.

그리고 10월 10일 동경올림픽 개회식을 끝낸 다음날 이케다는 자민당 간부들을 불러 사의를 표명했다. 이로써 1500일의 이케다 수상 시대는 막을 내리게 되었다. 이케다는 후임 수상으로 정치적으로 동반자이자 말기에는 정적이기도 했던 사토 에이사쿠를 지명하고 물러났다.

1965년에 접어들어 한 때 병세가 호전되는 듯했으나 7월에 재발해 결국 8월 30일 숨을 거두었다. 이케다의 나이 65세였다.

이케다가 남긴 유산

일본의 정치가로서 이케다가 남긴 족적은 적지 않다. 이케다의 업적은 이케다의 사후 일본경제신문에 실린 시모무라의 추도문에 잘 나타나 있다.

"이케다 씨의 역사적인 역할은 일본인의 감추어진 창조력, 건설력을 성장정책이라는 수단에 의해 이끌어내고 이를 개화시킨 것이다"라고 평가했다. 그리고 추도문의 말미에서 "이케다 씨는 납득되지 않으면 행동하지 않았고 타인의 의견을 듣기 좋아했다. 이케다 씨와 만나면서 인간으로서 느낀 따뜻함은 지금도 내 가슴에 남아 있다"고 끝을 맺었다.

이케다는 소득배증계획을 통해 오늘날 일본경제의 기반을 닦았다. 특히 1930년대부터 싹트기 시작한 중화학공업을 반석에 올려놓았다. 20세기 후반 일본이 경제대국이 될 수 있었던 것이 제조업, 특히 중화학공업의 발전에 기인함은 주지하는 사실이다. 또한 농업소득의 증대를 병행, 추진함으로써 국민경제 전체의 부를 향상시키고자 노력했다. 농촌경제의 발전을 보지 못한 것이 이케다의 회한이었지만 그 후의 내각에 의해서 계승 발전되었다.

이 두 가지 정책은 마치 1970년대 한국이 '한강의 기적'을 이룰 때의 경제정책과 유사하다. 이케다의 경제정책은 한국경제에도 유용한 사례였다.

이러한 이케다의 경제 치적의 이면에는 부작용도 나타났다. 관료주도의 담합 체질, 자민당의 파벌 정치 등이 거론된다. 이케다가 정부주도 경제정책을 펼쳐 나가면서 어쩔 수 없이 생긴 부작용이었다. 또한 이러한 약점은 전통적으로 일본 정치, 관료체제가 지닌 구조적인 모순이기도 했다.

이러한 환경은 오늘날 변하고 있다. 정관재 복합체의 사령탑이었던 대장성, 통산성의 명칭은 이제 사라지고 없다. 1980년대 이후 규제 철폐, 2000년대 초반의 행정 개혁으로 정관재 복합체는 과거의 이야기가 되었다. 다만 아직 자민당의 파벌, 보수적인 자세는 여전하나 이 또한 변화해갈 것이다.

현재의 시점에서 이케다가 행한 제반 정책은 여러 가지 상황에 비추어 전혀 맞지 않는다. 그럼에도 이케다의 지도력은 오늘날 일본에 여전히 살아있는 생명체와도 같은 것이다. 중요한 사실 가운데 하나는 역대 수상 가운데 그 누구도 이케다만큼 국민들에게 신뢰를 주고 자신감을 불어 넣어준 지도자가 없다는 점이다.

이케다는 자신의 인생 역정을 통해 고통과 공포를 경험했고 마음이 병을 다스리는 기적도 맛보았다. 이런 경험이 이케다로 하여금 인간의 내면세계, 잠재 능력과 같은 보이지 않는 세계의 중요성을 일깨워주었다고 생각된다. 그리고 그 흔적은 인간의 잠재력을 믿고 그것을 이끌어내고자 했던 그의 경제철학에서도 엿볼 수 있는 것이다.

경제란 살아있는 생명체와도 같다. 병이 깊어졌을 때 의학기술도 중요하지만 낫고자 하는 의지가 더욱 중요하다. 내면세계에 잠재된 의지, 용기, 자신감을 불러일으키는 것이야말로 국가지도자의 지도력일 것이다.

주

1) 1917년 설립된 재단법인 이화학연구소理化学研究所의 줄임말. 2차 대전 후 과학연구소科学研究所, 특수법인 이화학연구소 시대를 거쳐 2003년 독립행정법인 이화학연구소가 되었다. 정부 출연의 일본 최대 기초과학 종합연구소로서 공업기술뿐만 아니라 농업기술개발에 전력해 일본 농업의 근대화에 기여한 것으로 평가받고 있다.

2) 이케다는 1960년 7월에 자민당 총재로 선출된 뒤 3기 연속으로 총재에 선출된다. 1955년 민주당民主党과 자유당自由党의 보수 연합에 의해 자유민주당自由民主党이 성립된 이후 가장 오랫동안 총재를 지냈다.

3) 일반적으로 '닷지 라인'이라 하면 초긴축정책과 이로 인한 '닷지 불황'을 연상하지만, 1달러 당 360엔으로 책정되어 1973년 변동환율제로 이행하기 전까지 고정된 환율은 전후 일본경제 성장에 중요한 의미를 지닌다. 즉 엔화가치가 미국 달러화보다 상대적으로 저평가됨으로써 일본의 대미 수출경쟁력을 높인 중요한 변수로 작용한 것이다. 왜 360엔으로 설정되었는지 분명하지 않으나, 일설에는 엔화 동전이 360° 원형임에 착안해 360으로 정했다고 한다. 어쨌든 일본의 입장에서 볼 때 이케다의 숨은 공적이라 할 수 있다.

4) 해운 및 조선 산업을 육성할 목적으로 1947년부터 실시된 '계획조선計画造船'의 개발은행 융자, 이자 보조금을 타내기 위해 업자들이 정치가, 관료에게 뇌물을 준 사건. 총 71명이 체포됐지만, 연루설이 나돈 사토, 이케다는 이누카이 다케루 법무장관의 직권 발동으로 체포를 면했다.

5) 하토야마 이치로(鳩山一郎)가 공직에서 추방된 후 자유당 총재로 취임한 요시다 시게루(吉田茂)는 기성 정치가가 아닌 신진세력을 포섭하기 위해 관료 출신들을 정계에 진출시켜 세력 확장을 꾀하고자 했다. 요시다 산하의 관료 출신 정치가 집단이 후일 '요시다학교'로 불렸으며, 이케다 하야토(池田勇人), 사토 에이사쿠(佐藤栄作) 등이 대표적인 인물이다.

6) 1959.12.~1960.11. 미쓰이광산(三井鉱山)의 미이케탄광(三池炭鉱)에서 사측의 1278명 정리해고에 노조 측이 반발해 발생

한 노사분규. 1960년 7월 경찰과 유혈 충돌로 많은 사상자가 발생했다. 결국 중앙위원회의 조정안을 사측이 수락, 정리해고를 철회하는 것으로 마무리되었다.

7) 당시 방위청장관 아카기 무네노리(赤城宗徳)는 기시 수상의 자위대 출동에 관한 질문을 받고 자위대의 출동을 반대했다고 회고한 바 있다.

8) 1948년 6월 화학비료회사인 쇼와덴코(昭和電工)의 히노하라(日野原) 사장이 부흥금융금고에서 대출을 받기 위해 관료에게 뇌물을 준 혐의로 체포된 사건. 당시 대장성 주세국장이던 후쿠다는 히노하라 사장과 동향인 부인이 15만 엔의 뇌물을 받았다는 혐의로 체포되어 약 2개월간 조사를 받았지만 무혐의로 풀려난다. 이 사건은 당시 아시다 정권의 붕괴를 초래했고 사건 관계자들이 대부분 무혐의로 풀려났다는 점에서 의혹이 완전히 풀리지 않은 채로 종결되었다. (中村隆英, 『昭和史(Ⅰ,Ⅱ)』, 東洋経済新聞社, 1993, p.423)

9) 당시 경제기획청에서 장기계획 책정의 책임자였던 오오키 사부로(大木佐武郎)는 다음과 같이 회고하고 있다. "1959년 7월 기시 수상의 지시로 계획안을 만들도록 지시받았다. 그러나 당시 경제기획청 관료들은 못마땅해 했다. 왜냐하면 이미 1957년 '신장기경제계획新長期經濟計劃'이 수립되어 이제 막 실행하는 단계에서 계획을 새로 만들라고 하니 좋아할 리 없었던 것이다. 수치를 전부 고쳐야 함은 물론 실행계획도 바꿔야 했다." (沢木耕太郎, 『危機の宰相』, 魁星出版, 2006, p.204)

10) 4대 공해병이란 미나마타병(水俣病), 요카이치 천식(四日市ぜんそく), 니이가타 미나마타병(新潟水俣病), 이따이이따이병(イタイイタイ病)을 말한다.

11) 土師二三生, 『人間池田勇人』, 講談社, 1967.

12) IMF 8조국 이행이란 경상거래의 적자를 이유로 한 외화 통제의 금지, 차별적 통화정책의 금지, 통화교환성의 회복을 골자로 한다. IMF 8조국으로의 이행은 자본거래에 대한 정부의 통제를 철폐하는 것을 의미하는 것으로 일본경제는 자본자유화를 추진하게 된다.

참고문헌

권혁기·이지평, 『일본형자본주의』, 정문출판사, 1993.

미와 료이지, 권혁기 옮김, 『일본경제사-근대와 현대』, 보고사, 2004.

池田勇人, 『均衡財政』, 実業之日本社, 1952.

伊藤昌哉, 『池田勇人その生と死』, 至誠堂, 1985.

伊藤昌哉, 『自民党戦国史(上)(中)(下)』, 朝日新聞社, 1985.

伊東光晴, 『保守と革新の日本的構造』, 筑摩書房, 1976.

エコノミスト編集部, 『高度成長期への証言[上]』, 日本経済評論社, 1999.

大蔵省財政史室編(安藤良雄·原朗), 『昭和財政史　終戦-講和1総説·賠償·終戦処理』, 東洋経済新報社, 1984.

大蔵省財政史室編(中村隆英·志村嘉一·原司郎), 『昭和財政史　終戦-講和12金融(1)』, 東洋経済新報社, 1976.

大滝重直, 『ひとびとの星座』, 国書刊行会, 1985.

川北隆雄, 『大蔵省』, 講談社, 1989.

川北隆雄, 『通産省』, 講談社, 1991.

北岡伸一, 『20世紀の日本(1) 自民党ー政権党の38年』, 読売新聞社, 1995.

沢木耕太郎, 『危機の宰相』, 魁星出版, 2006.

下村治, 『経済変動の乗数分析』, 東洋経済新聞社, 1952.

下村治, 『日本経済成長論』, 金融財政事情研究会, 1962.

瀧澤中, 『政治家の名セリフ』, 青春出版社, 2006.

中村隆英, 『日本経済-その成長と構造』(第3版), 東京大学出版会, 1993.

中村隆英, 『昭和史(Ⅰ,Ⅱ)』, 東洋経済新聞社, 1993.

中村隆英, 『岸信介政権と高度成長』, 東洋経済新聞社, 2003.

橋本寿朗, 『戦後の日本経済』, 岩波書店, 1995.

橋本寿朗, 『日本経済論』, ミネルヴァ書房, 1991.

馬場宏二, 「現代世界と日本会社主義」, 『現代日本社会 1課題と視角』(東京大学社会科学研究所編), 東京大学出版会, 1991.

原朗編, 『復興期の日本経済』, 東京大学出版会, 2002.

兵藤 釗, 『労働の戦後史(上)』, 東京大学出版会, 1997.

前尾繁三郎, 『私の履歴書-牛の歩み』, 日本経済新聞社, 1976.

吉田茂, 『日本を決定した百年』, 日本経済新聞社, 1967.

吉村正晴, 『自由化と日本経済』, 岩波書店, 1961.

프랑스엔 〈크세주〉, 일본엔 〈이와나미 문고〉,
한국에는 〈살림지식총서〉가 있습니다.

📖 전자책 | 🔍 큰글자 | 🔊 오디오북

이케다 하야토 정치의 계절에서 경제의 계절로

펴낸날	초판 1쇄 2007년 9월 1일
	초판 2쇄 2021년 12월 31일

지은이	권혁기
펴낸이	심만수
펴낸곳	(주)살림출판사
출판등록	1989년 11월 1일 제9-210호

주소	경기도 파주시 광인사길 30
전화	031-955-1350 팩스 031-624-1356
홈페이지	http://www.sallimbooks.com
이메일	book@sallimbooks.com

ISBN	978-89-522-0698-5 04080
	978-89-522-0096-9 04080(세트)

089 커피 이야기

eBook

김성윤(조선일보 기자)

커피는 일상을 영위하는 데 꼭 필요한 현대인의 생필품이 되어 버렸다. 중독성 있는 향, 마실수록 감미로운 쓴맛, 각성효과, 마음의 평화까지 제공하는 커피. 이 책에서 저자는 커피의 발견에 얽힌 이야기를 통해 그 기원을 설명한다. 커피의 문화사뿐만 아니라 커피에 대한 일반적인 정보 및 오해에 대해서도 쉽고 재미있게 소개한다.

021 색채의 상징, 색채의 심리

박영수(테마역사문화연구원 원장)

색채의 상징을 과학적으로 설명한 책. 색채의 이면에 숨어 있는 과학적 원리를 깨우쳐 주고 색채가 인간의 심리에 어떤 작용을 하는지를 여러 가지 분야의 사례를 통해 설명한다. 저자는 색에는 나름대로의 독특한 상징이 숨어 있으며, 성격에 따라 선호하는 색채도 다르다고 말한다.

001 미국의 좌파와 우파

eBook

이주영(건국대 사학과 명예교수)

진보와 보수 세력의 변천사를 통해 미국의 정치와 사회 그리고 문화가 어떻게 형성되고 변해왔는지를 추적한 책. 건국 초기의 자유방임주의가 경제위기의 상황에서 진보-좌파 세력의 득세로 이어진 과정, 민주당과 공화당의 대립과 갈등, '제2의 미국혁명'으로 일컬어지는 극우파의 성장 배경 등이 자연스럽게 서술된다.

002 미국의 정체성 10가지 코드로 미국을 말하다

eBook

김형인(한국외대 연구교수)

개인주의, 자유의 예찬, 평등주의, 법치주의, 다문화주의, 청교도정신, 개척 정신, 실용주의, 과학·기술에 대한 신뢰, 미래지향성과 직설적 표현 등 10가지 코드를 통해 미국인의 정체성과 신념을 추적한 책. 미국인의 가치관과 정신이 어떠한 과정을 통해서 형성되고 변천되어 왔는지를 보여 준다.

058 중국의 문화코드

강진석(한국외대 연구교수)

중국의 핵심적인 문화코드를 통해 중국인의 과거와 현재, 문명의 형성 배경과 다양한 문화 양상을 조명한 책. 이 책은 중국인의 대표적인 기질이 어떠한 역사적 맥락에서 형성되었는지 주목한다. 또한, 구체적이고 실제적인 여러 사물과 사례를 중심으로 중국인의 사유방식에 대해 설명해 주고 있다.

057 중국의 정체성 `eBook`

강준영(한국외대 중국어과 교수)

중국, 중국인을 우리는 과연 어떻게 이해해야 하나? 우리 겨레의 역사와 직·간접적으로 끊임없이 영향을 주고받은 중국, 그러면서도 아직까지 그들의 속내를 자신 있게 말할 수 없는, 한편으로는 신비스럽고, 한편으로는 종잡을 수 없는 중국인에 대한 정체성을 명쾌하게 정리한 책.

015 오리엔탈리즘의 역사 `eBook`

정진농(부산대 영문과 교수)

동양인에 대한 서양인의 오만한 사고와 의식에 준엄한 항의를 했던 에드워드 사이드의 오리엔탈리즘. 이 책은 에드워드 사이드의 이론 해설에 머무르지 않고 진정한 오리엔탈리즘의 출발점과 그 과정, 그리고 현재와 미래의 조망까지 아우른다. 또한 오리엔탈리즘이 사이드가 발굴해 낸 새로운 개념이 결코 아님을 역설한다.

186 일본의 정체성 `eBook`

김필동(세명대 일어일문학과 교수)

일본인의 의식세계와 오늘의 일본을 만든 정신과 문화 등을 소개한 책. 일본인을 지배하는 이데올로기는 무엇이고 어떤 특징을 가지는지, 일본을 주목해야 하는 이유는 무엇인지 등이 서술된다. 일본인 행동양식의 특징과 토착적인 사상, 일본사회의 문화적 전통의 실체에 대한 분석을 통해 일본의 정체성을 체계적으로 살펴보고 있다.

261 노블레스 오블리주 세상을 비추는 기부의 역사

예종석(한양대 경영학과 교수)

프랑스어로 '높은 사회적 신분에 상응하는 도덕적 의무'를 뜻하는 노블레스 오블리주. 고대 그리스부터 현대까지 이어지고 있는 노블레스 오블리주의 역사 및 미국과 우리나라의 기부 문화를 살펴보고, 새로운 시대정신으로 노블레스 오블리주를 부활시킬 수 있는 가능성을 모색해 본다.

396 치명적인 금융위기, 왜 유독 대한민국인가 eBook

오형규(한국경제신문 논설위원)

이 책은 전 세계적인 금융 리스크의 증가 현상을 살펴보는 동시에 유달리 위기에 취약한 대한민국 경제의 문제를 진단한다. 금융안정망 구축 방안과 같은 실용적인 경제정책에서부터 개개인이 기억해야 할 대비법까지 제시해 주는 이 책을 통해 현대사회의 뉴노멀이 되어 버린 금융위기에서 살아남는 방법을 확인해 보자.

400 불안사회 대한민국, 복지가 해답인가 eBook

신광영(중앙대 사회학과 교수)

대한민국 사회의 미래를 위해서 복지는 선택이 아니라 필수라고 말하는 책. 이를 위해 경제 위기, 사회해체, 저출산 고령화, 공동체 붕괴 등 불안사회 대한민국이 안고 있는 수많은 리스크를 진단한다. 저자는 사회적 위험에 대응하기 위한 복지 제도야말로 국민 모두의 삶의 질을 높일 수 있는 길이라는 것을 역설한다.

380 기후변화 이야기 eBook

이유진(녹색연합 기후에너지 정책위원)

이 책은 기후변화라는 위기의 시대를 살면서 우리가 알아야 할 기본지식을 소개한다. 저자는 기후변화와 관련된 핵심 쟁점들을 모두 정리하는 동시에 우리가 행동해야 할 실천적인 대안을 제시한다. 이를 통해 독자들은 기후변화 시대를 사는 우리가 무엇을 해야 할 것인지에 대하여 생각해 볼 수 있을 것이다.

eBook 표시가 되어있는 도서는 전자책으로 구매가 가능합니다.

(주)살림출판사
www.sallimbooks.com
주소 경기도 파주시 문발동 522-1 | 전화 031-955-1350 | 팩스 031-955-1355